広辞苑

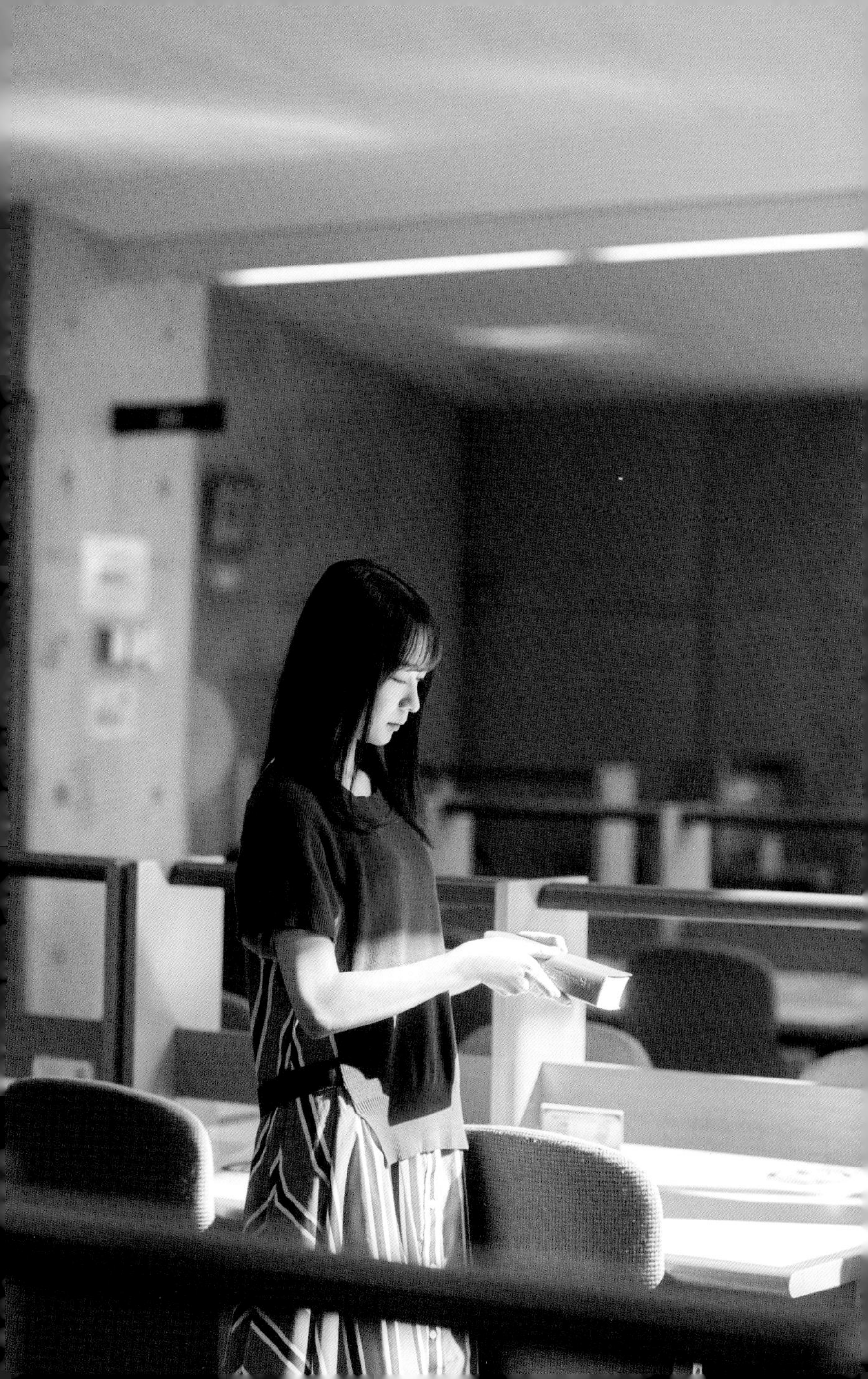

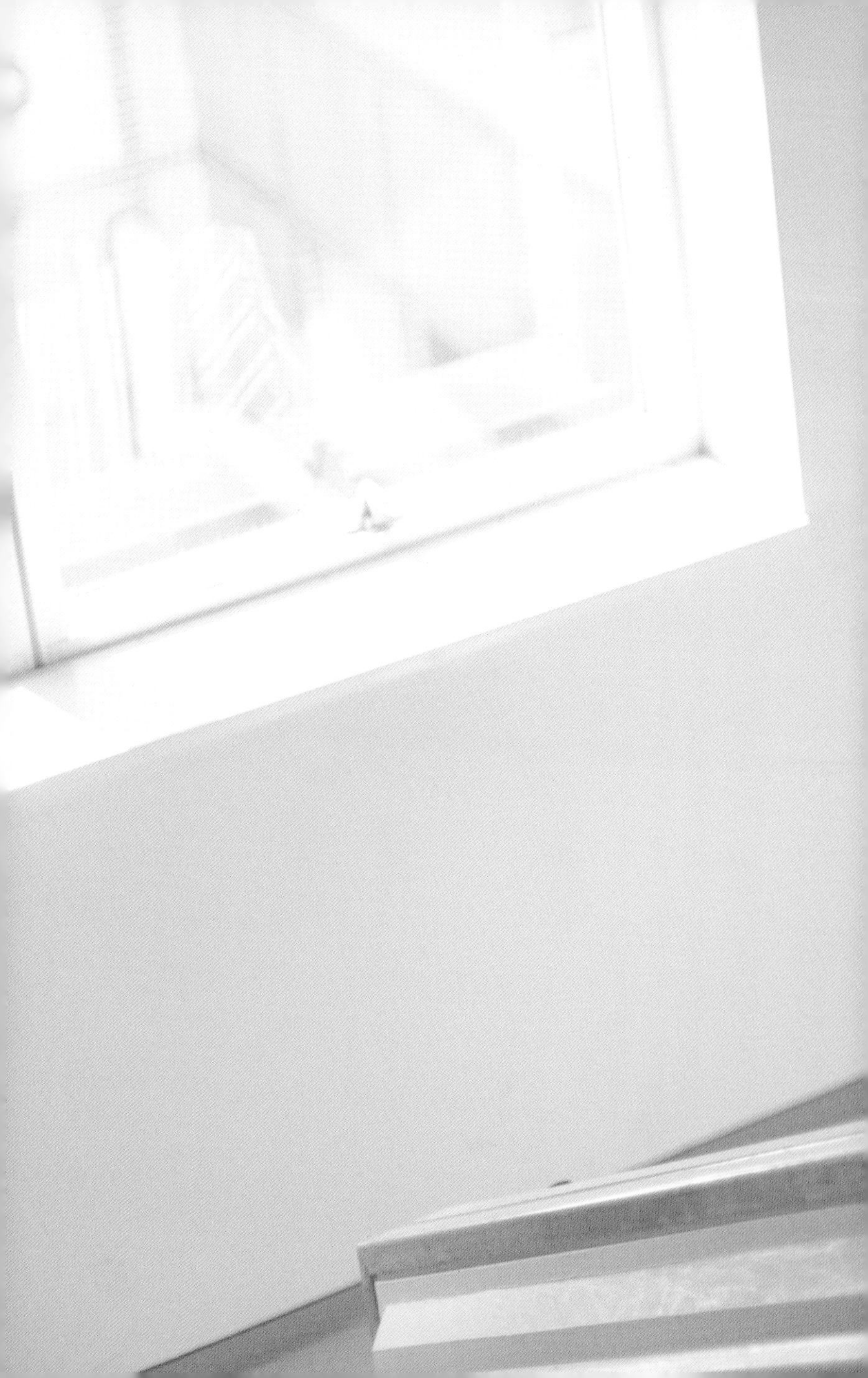

25
26
27

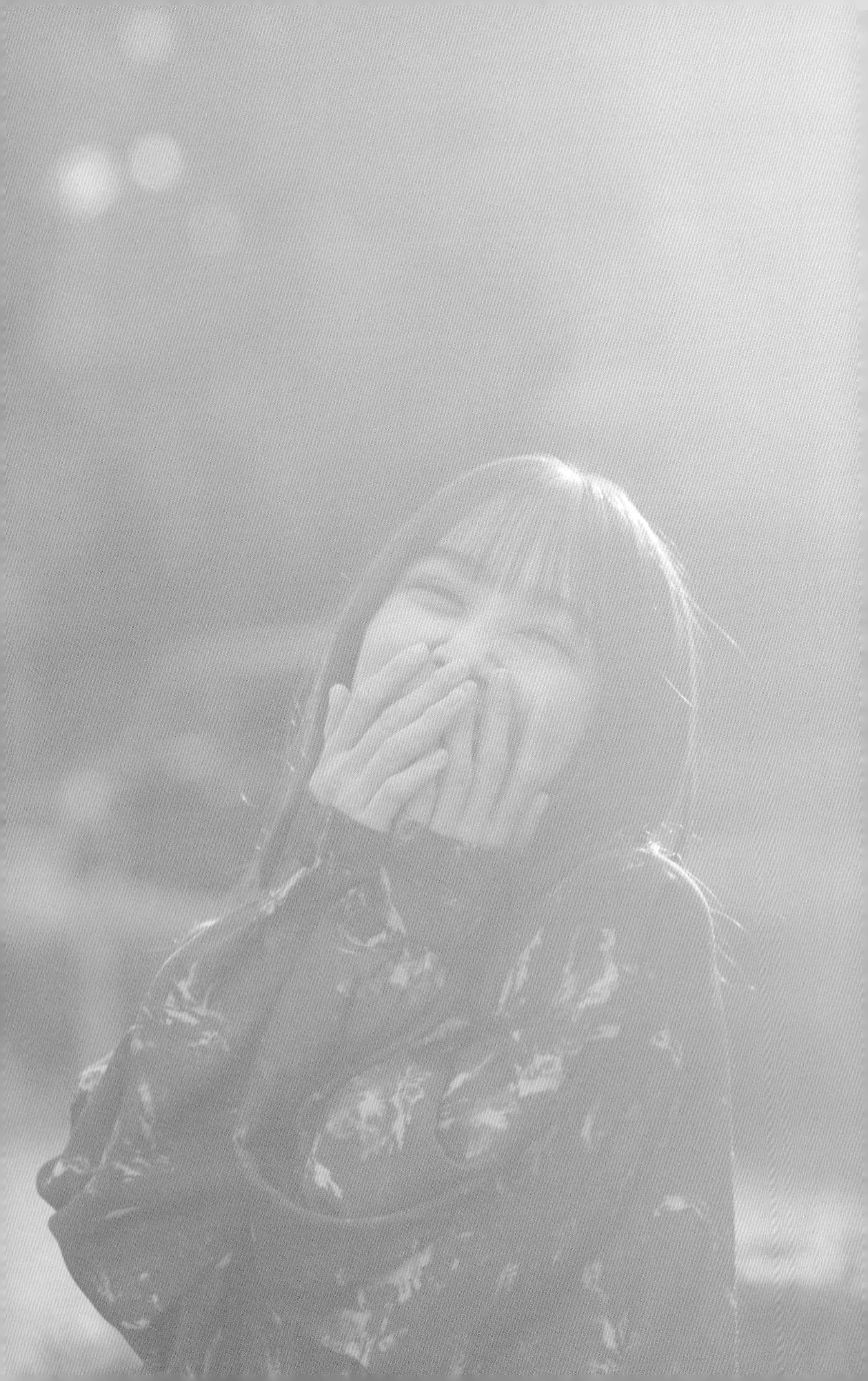

乃木坂46

鈴木絢音

言葉の海をさまよう

目次

辞書編纂者

お話を聞いた人
『三省堂国語辞典』編集委員

いいま・ひろあき【飯間浩明】さん

1967年生まれ、香川県出身。『三省堂国語辞典』編集委員。早稲田大学大学院文学研究科博士後期課程単位取得。著書に『日本語はこわくない』（PHP研究所）、『日本語をもっとつかまえろ！』（毎日新聞出版）、『ことばハンター』（ポプラ社）など。

「インフルエンサー」を辞書に載せたきっかけは乃木坂46

飯間　『三省堂国語辞典』を作っている飯間と申します。今日は鈴木さんにお会いするのを楽しみにしてきました。私はそんなに音楽はわからないんですけれども、音楽の言葉に興味がありまして。

鈴木　そうなんですか？

飯間　特に「紅白歌合戦」は筋金入りのファンで、大学の時から毎年録画してるんです。だから当然、乃木坂46さんの……、「さん」と言うと変かな、初出場の時からずっと見ています。しかも、歌を聴きながら「あ、これ面白いな」と思った言葉は全部記録しています。

鈴木　初出場の時からですか、ありがとうございます！

飯間　一番印象深かったのは、２０１７年に『インフルエンサー』っていうすごいヒット曲がありましたね。

鈴木　はい。乃木坂46の17枚目のシングルです。

飯間　当時、インフルエンサーっていう言葉がパーッと広まった。これはもう辞書に載ってもいいと思いました。三省堂主催の辞書に載せたい言葉を選ぶイベントで、「インフルエンサー」を2位に選んだことがあります。きっかけはこの歌でした。

鈴木　まさか乃木坂46がきっかけになるなんて！　そうなんですね。

飯間　もちろん、すでに使われている言葉でしたけど、それが乃木坂46の歌にもなっている。だったら、これはもう辞書に載せなければと思ったんです。話がオタクっぽくなりますが、もう1曲挙げると、『君の名は希望』という歌がありますよね。

鈴木　はい、乃木坂46の5枚目のシングルです。

飯間　その歌詞に、「去年の6月　夏の服に着替えた頃」とあるでしょう。そこで、乃木坂46は「きがえた」と歌っていますね。

鈴木　たしかにそう歌っていますが、どういうことでしょう。

飯間　何が言いたいかというと、洋服を替えることを「きがえる」と言う人もいれば、「きかえる」と言う人もいるんです。

鈴木　言われてみれば、たしかにそうですね。

飯間　乃木坂46の歌からすると、若い人たちはもう「きがえる」と言うんだなと思いました。では、辞書はどうなっているか。ちょっと『新明解国語辞典』を引いてみましょうか。

鈴木　はい、引いてみますね……。「きかえる」になっています。

飯間　『新明解』だと、にごらないんですよ。でも、読んでいくと「『着がえる』とも」と書いてある。だからどっちでもいいんですけれども、『新明解』としては「きかえる」

鈴木　なんです。我々の作る『三省堂国語辞典』は、できるだけ現代的にしたいので、「どうだろうなぁ、乃木坂が歌っているとおり『きがえる』にしようかな」なんて思う。そうやってけっこう、乃木坂46を基準にしてるところがあるんです。
それを伺うと、うれしいような、ちょっと責任重大なような気もしますね（笑）。

子どもの頃は辞書が苦手だった

飯間　鈴木さんは辞書がお好きだということで、それを聞いて、すごく親近感を持っています。どうして辞書を好きになったのか教えてくださいませんか。

鈴木　本当の話をすると、元々はすごく苦手でした。小学生の時に初めて手にしたのですが、学校だと引く速度を競うことが多くて、私は早引きがあまり得意ではなかったので、苦手意識があったんです。

飯間　ああ、そうですよね。

鈴木　私は中学2年生で乃木坂46に入って、高校2年生の時に上京して東京の高校に編入したんです。上京するまでは電子辞書を使っていたんですけれども、もう少し言葉にかける時間を作りたいなと思って、電子辞書を兄にあげて、代わりに兄が使っていた父のお古の紙の辞書をもらって東京に持ってきました。そこから、紙の辞書で言葉を調べるようになり、徐々に好きになりました。

飯間　そこがすごく興味深いですよね。普通だったら紙の辞書は重いから持ちたがりませんけど、かえって紙の辞書のほうがいいという。やっぱり紙だなって思った理由はあるんですか？

鈴木　それはやっぱり、小学生の時から紙の辞書を引くように学校の先生や親に言われてきたことが、頭に残っていたんだと思います。

飯間　そうですか。この仕事を続けていくために、何かもっと、言葉を自分のものにしたいっていうような思いがあったんでしょうか。

鈴木　そうですね。ブログを書いたりと、自分の言葉を届ける機会が増えたので、言葉に対する意識はすごく変わったなと思います。

飯間　そこでやっぱり辞書だなって思ってくださるところがうれしいです。ブログを書いている人でも、必ずしも辞書は引かないと思うんですよ。辞書を引くことで、言葉への関心がぐっと深まりますよね。

鈴木　はい、そう思います。

辞書を買って最初に調べるのは「右」

飯間　鈴木さんは『新明解国語辞典』がお好きだそうですね。『三省堂国語辞典』の編纂者としては、ちょっと嫉妬を感じるんですけれども（笑）、『新明解』との出会いはどういったものだったんですか？

鈴木　インターネットで面白い辞書があるっていう記事を見て、それで買ったのが出会いです。それこそ「動物園」だったり、『新明解』は言葉の説明が面白いと話題になっていました。

飯間　ああ、動物園。以前は「保護を加えるためと称し……飼い殺しにする、人間中心の施設」みたいなことが書いてありましたよね。これじゃあ、動物園の関係者は怒りますよね。

鈴木　たしかに、悪く書きすぎです（笑）。

飯間　さすがに『新明解』も書きすぎたと思って反省したんでしょうね。最新版でどうなっているかは知らないんですけれども、引いてみましょう。あ、ありました？　ちょっと読んでくださいますか。

鈴木　「捕らえて来た動物を、人工的環境と規則的な給餌《きゅうじ》とにより野生から遊離し、動く標本として一般に見せる、啓蒙《けいもう》を兼ねた娯楽施設」

飯間　なんか、だいぶ動物園寄りになってきてますよね。

鈴木　はい、だいぶ動物園に寄り添った語釈（言葉の説明）になっています！

飯間　他に、心に残る説明ってあります？

鈴木　うーん、新しい辞書では、必ず最初に「右」を調べます。

飯間　それは、プロですね。

鈴木　本当ですか？

飯間　なんで右かっていうのを説明してくれませんか。

鈴木　辞書によって語釈が全然違うのが面白いというのと、私の中で右っていうのは……、なんて言えばいいんだろうな、父が左利きなので、右利きの人だけに当てはまる説明だと、ちょっとわかりづらいんじゃないかなと思ってしまうんです。

飯間　つまり、お父さんにとっても、誰にとっても、違和感がない説明になっているか、ということですか。

鈴木　そうです。

飯間　それは大事な観点ですね。なんかね、辞書を作ってる人間は自分中心に書いちゃうんです。自分の見ている範囲以外の人のことを、ちょっと冷たく扱っちゃうことがあるかもしれないですね。

鈴木　なるほど、辞書編纂者とはいえ、人ですもんね。

飯間　もし、右を説明する時に、「お箸を持つほうの手の側です」なんて書いてあったら、左利きの人は怒りますよね。さすがにそこまで書く辞書はないんですけれども、必ずしも全員に当てはまらない説明もあります。誰もが納得できるか、っていうのは、辞書を見る時のすごく大事な観点だと思います。じゃあ、『新明解』では右をどう書いているか、見てみましょうか。

鈴木　「アナログ時計の文字盤に向かった時に、一時から五時までの表示のある側」

飯間　そう、一時から五時の側は、たしかに右ですよね。よく思いついたなと思うし、これだったら別に左利きの人も違和感はありません。辞書に使う例というのは、身近なものがいい。時計だったらこの部屋にもあります。「一から五が書いてあるほうだよ」と言えば子どもにもわかりますね。

鈴木　誰にでもすぐにわかるような例えがいいんですね。

飯間　ちなみに、『岩波国語辞典』には画期的な右の説明があります。ご存じですか？

鈴木　いえ、知らないです。

飯間　『岩波』の辞書もここにあるので、読んでみましょう。まず「相対的な位置の一つ」とあって、「東を向いた時、南の方」。ここは『広辞苑』などにも似た説明があります。

すごいのはこの後で、「また、この辞典を開いて読む時、偶数ページのある側を言う」って書いてあるんです。

鈴木　なるほど、すごくわかりやすいです。

飯間　この説明を書いた版が出た時には、かなり評判になりました。たしかに、辞書を読む時にそのページを開いていない人っていないから、偶数ページは必ず右だとわかるよねって。

鈴木　面白い！　すごいですね。

飯間　これは発明でしたね。あるいは、『明鏡国語辞典』を見てみると、「人体を対称線に沿って二分したとき、心臓のない方」って書いてあります。

鈴木　心臓のない方……。本当ですね。

飯間　せっかくですので、私たちが作っている『三省堂国語辞典』も見てくださいますか。

鈴木　「横に〈広がる／ならぶ〉もののうち、一方のがわをさすことば。『一』の字では、書きおわりのほう。『リ』の字では、線の長いほう」。……こちらもすごくわかりやすいです！

飯間　「一」の書き順を知らない人は困っちゃいますけどね。これもね、けっこう『新明解』や『岩波』や『明鏡』に対抗しようと思って、我々は考えたんですよ。

鈴木　これは、「一」だけではなくてなぜ「リ」も入れたんですか？

飯間　「一」は、左と右がつながっている場合を想定したんです。例えば、景色を眺めながら「ちょっと右のほうを見て」と言うことがありますね。左から右に景色がずっとつながっている。そんな場合には「一」の字で説明しようと。また、左と右が独立している場合もありますね。「右の絵と左の絵と、どっちがいいですか？」と言った時に「右です」とか。そういう場合を説明するには「リ」の字がいるなというわけです。

鈴木　なるほど！　つながっている場合とつながっていない場合ですか、面白い。

飯間　大体、鈴木さんのマニア度がわかりました。

鈴木　マニア度ですか（笑）、恥ずかしいですね。

「こんなことまでわかるの!?」が辞書の魅力

飯間　先ほど打ち合わせの時に、『新明解国語辞典』で「サンド」という言葉を引いてらっしゃいましたけど、ああやって、ちょくちょく辞書を読むんですか？

鈴木　そうですね。時間がある時には適当に開いてみて、読んでみたりしますね。

飯間　「サンド」を引くと、どういうことがわかるんでしょうか。

鈴木　読みますね。「サンド」のところの説明。㊀が「サンドイッチの略」になっていて、㊁が「両側からはさむこと」になっています。サンドという言葉はサンドイッチからできたということがわかりました。

飯間　「これをサンドする」って言うから、てっきりサンドという言葉が初めからあると思いがちなんですよね。でもそうじゃなくて、サンドイッチが先にあって、その略がサンドなんだということですね。

鈴木　そうなんです。全然知りませんでした。

飯間　もっと言うと、サンドイッチっていう人がいたんです。「サンドイッチ」の項目を見ると、「sandwich＝もと、人名」と書いてある。つまり、サンドイッチさんが早く食事をとりたいということで、「パンに肉を挟んだらいいんじゃないか」と考えついた。そこからサンドイッチになった、そんな説明をする本もあります。

鈴木　そんなことまでわかっちゃうんですね。

飯間　サンドイッチさんのことは語源辞典などで説明していますが、国語辞典でも基本的なことはわかります。こうして一つひとつの項目を引いて読んでいくうちに、少しずつ言葉のことがわかっていくんですね。

「この漢字、使っていいのかな」と迷ったら『新明解国語辞典』が役に立つ

飯間　『新明解』は説明が面白いということはよく言われますが、実は漢字の説明もすごくいいんです。例えば、「率直」っていう言葉がありますね。普通は「率」の字を使うと思います。じゃあもし、漢字のテストで「卒直」って書いたらどうでしょう？

鈴木　バツになりそうです。

飯間　他の辞書はどう書いているか見てみましょうか。『卒』『率』は字形が似るために、混同されて『卒直』とも書かれる」とありますね。混同されていると。では、『新明解』ではどうでしょうか。初めはたしかに「率直」と書いてあります。でも、ずっと読んでいくと「表記」という欄があって……。

鈴木　「『卒直』とも書く」とあります！

飯間　「卒」の字もあるんですね。「混同されている」というのではなくて、普通にこっちも書くよと。

鈴木　なるほど！　こんな風に書いてあるとは知りませんでした！

飯間　両方あるんだよっていうスタンスなんです。それで、もし漢字のテストで「卒」を書いてバツになっても、『新明解』を先生に見せて「こっちも正解じゃないですか」っ

て言えるんですよ。

鈴木　味方になってくれるんですね。

飯間　そうそう。この漢字、書いていいのかなっていう時に『新明解』は味方になってくれる。そこが頼もしいんです。

たとえを用いて、100%ではなく「近似値」を伝える

飯間　鈴木さんはブログを書かれていますが、文章について何か悩みはありますか？

鈴木　悩みは尽きないですね。自分の中では、きれいな文章といいますか、整頓された文章が好きなので、そういう風に書いてしまうんですけれども、それだと思ったとおりに伝わらないことが多くて。面白味もないって思ってしまいます。

飯間　自分が伝えたいことを、完全な形で相手に伝えるのは、残念ながら難しいですね。投げやりに聞こえるかもしれませんが、言葉って本当に伝わらないんですよ。例えば、「昨日りんごを食べました」って言うでしょ。でも、相手の頭の中に浮かんでいるりんごは、こっちが思い描いているりんごでは絶対にないですよね。その人が今までに

見た経験があるりんごでしかないわけです。

鈴木　はい。おっしゃるとおりです。

飯間　だから、100%の形では伝わらないということを踏まえておく。ただ、うまいたとえを使うと、肝心な部分だけは伝えられるかもしれません。

鈴木　たとえですか。

飯間　かりに、私がある人のことをずっと駅で待っていたとします。「なかなか来ないので困った」という、その困り具合を正確に表現することは難しい。でも、「首を長くして待っていました」というたとえを使えば、その表現は相手も知っているから、ああそうか、その程度には待っていたんだな、ということは伝わります。

鈴木　たとえるといいんですね。

飯間　近似値って言うのかな。自分の心の全くのコピーではなくて、非常によく似たものを言葉にするしかないんです。文章を書いてみると、なんか自分の経験と違うな、自分の感じたことと違って嘘を書いているなっていう気もするんだけど、それは別に嘘じゃないんです。自分の体験をそのまま伝えることはできなくても、なるべく似たことを伝える。これが文章を書くコツの一つです。

鈴木　なるほど。考えたことがなかったです！　面白いですね。今までは常に正しい言葉を伝えようとしてきたので、参考にします。

飯間　辞書の原稿を書く場合でも、2～3行で物事を完全に正確に伝えられるわけはないんですよ。こういう時、一番効果があるなと思うのは、やっぱりたとえを使うことです。相手に伝えるためには、たとえをたくさん蓄えておくことが大事です。

鈴木　たしかに。そのためにまず辞書を読むことから始めるのがいいんですね。

飯間　そうそう。

鈴木　教科書ですものね。

飯間　辞書というとね、お勉強のためのものというイメージを持っている人が多いかもしれませんが、別に勉強しなくてもいいんですよ。一日の終わりにちょっと辞書を開いて見てみるとかね。そうすると心が落ち着いて、すぐに寝ちゃいます。

鈴木　はい、寝ちゃいます（笑）、私も寝ちゃうことがあります！

飯間　辞書には色々な効用や楽しみ方がありますよね。そのことを、ぜひファンの方に教えてあげてください。

「ライター」の説明を一行書くために徹夜

飯間　短い言葉で伝えるというのはとても難しいんですよね。例えば、私たちが作っている『三省堂国語辞典』に「ライター」っていう項目があるんですけれども。ここ……、「タバコの火をつける器具」って書いてありますよね。実は私、これを書いた時に徹夜をしたんです。

鈴木　そうなんですね、なぜですか？

飯間　どうしてかというと、ライターって色々な方式があるんですよ。電子ライターでパチンとつけるものもあれば、シュボッとヤスリで発火石をこすって摩擦で火をつけるライターもある。パチンとシュボッと両方あって、これをどうやって説明したらいいのかなと思って、ライターを分解して構造を調べ始めたんです。

鈴木　なるほど、すごい。

飯間　で、調べているうちに夜が明けてきて、悩んだ末、これは色々仕組みを書くんじゃなくて、簡潔に「タバコの火をつける器具」と書くのが一番いいという結論になりました。そりゃそうですよね。でも、この一行を書くためにけっこう血と汗が滲《にじ》んでいるわけですよ。

鈴木　「ライター」という単純な言葉の説明の裏にそんなご苦労があったんですね。

飯間　その説明が辞書に載ったのが十年以上前です。ところが、最近、読者から指摘を受けました。「ライターって、タバコ以外の火もつけるでしょう」って。

鈴木　なるほど、そんな指摘があったんですか！

飯間　誕生日のケーキのロウソクなんかも、ライターで火をつけたりしますね。それを指摘されて、がっくりきました。そんなことを日々経験しているうちに、自分だけ悩むのが段々いやになってきました（笑）。そこで、鈴木さんの写真集『光の角度』（２０２０年11月刊）を見ながら、一緒に写真の説明文を考える作業をしてみようと思うんです。いかがですか。

鈴木　私も同じ苦労を味わうんですね（笑）。

飯間　はい。鈴木さんと一緒に悩んでみたいなと思ったわけです。写真集の中から、これはという写真を選んで、タイトルをつけてみましょう。

伝わる伝え方１　具体名を入れることでニュアンスを出す

飯間　これ（現地の人と一緒にボートに乗っている写真）は、辞書の説明文風に書くと、「ボートに乗っている男女」とでもなるところですが、これだけでは写真の良さが伝わらないですね。もっと情景が浮かぶようにしたいんです。まず、この男性の名前を知りたいのですが、ご存じですか？

鈴木　現地の方ですね。お名前は知らないんです。

飯間　名前があったほうがイメージが浮かぶので、勝手に名前をつけてしまいましょう。これはタヒチで撮影されたんですよね？　タヒチはフランス語も使っていますので、フランス語の名前かもしれないということで、私の好みで、ニコラさんという名前をつけます。だから「ニコラとボート」。

鈴木　名前を入れるとぐっとイメージが深まりますね。

飯間　このボートには色々な装飾があってきれいなので、そこに注目をする人もいるかもしれません。私の場合は、簡潔に「この人と乗ってますよ」「そういうボートに乗った思い出ですよ」という風にまとめてはどうかと思ったんです。

鈴木　面白いです。

飯間　こんな調子で、もう少しやってみましょうか。

伝わる伝え方2　すべてを説明せず一点にフォーカスする

飯間　お気に入りの一枚っていうのはありますか？

鈴木　この、本を読んでいる写真（眼鏡をかけて、本を読んでいる写真）、お気に入りです。

飯間　いいですね。私なんか「本を読む少女」、そのままのタイトルをつけがちなんですが。

鈴木　たしかに、本を読む少女ですね。

飯間　そうなんですけど、この写真の特徴を表すようなフレーズが欲しいんですよね。例えばこの本はなんですか？

鈴木　なんだったかな……。日本語ではなくて、撮影した場所にあった本です。ここは記念館のような場所で、タヒチの資料などが置かれていました。

飯間　本が置いてあって、ちょっと読んでみようかと。他に説明に使えそうな要素はありますか？

鈴木　何がありますかね、難しいですね。

飯間　おそらくね、写真の全部の特徴を言うのは無理です。どこか一点だけですね。

鈴木　今見ていて気になったのは、右ひじをなぜか左足にのせているんですよね。なぜこんなきつい体勢で読んでいるんだろうって思いました。

飯間　じゃあもうできましたよ。「きつい体勢で読書」。
鈴木　あははは、たしかにそのとおりですね！
飯間　きつい体勢で読書をしているんだっていうことまでは、写真を見る人はなかなか観察できないですよね。でもモデル本人が言っているんだから間違いない。
鈴木　タイトルで、そのきつい体勢について教えることで、この写真を見る人の理解が深まるということですね。
飯間　そう、理解が深まる。
鈴木　なるほどなるほどなるほど！　面白い！

伝わる伝え方3　相手が疑問に思うことを解消する

飯間　次は、この写真（大きな買い物かごを持っている写真）ですね。ここはどういう場所なんですか？
鈴木　大型のスーパーでしたね。
飯間　そのあたりで何かないですか、タイトル。

鈴木　なんだろう、難しいですね。

飯間　おそらく、写真を見る人は、ここはどこ？　スーパー？　コンビニ？　という疑問を持つと思うんですよ。そこが知りたいですよね。

鈴木　じゃあ、スーパーっていうのは必要ですね。「スーパーで……買い物」。

飯間　決定ですね？

鈴木　はい、「スーパーで買い物」です！（笑）

飯間　それにしましょう。シンプルで、楽しい気分も感じられていいですね。ちなみにこれは窓の外が暗いですけど、夜ですか？

鈴木　いえ、お昼に行きました。

飯間　そうなんだ。もし夜だったら「夜のスーパー」といった説明が必要ですけど、ここではいらないですね。「スーパーで買い物」で決まり。最後に一枚、ぼやんとした写真で考えてみましょうか。タイトルをつけづらいような。

伝わる伝え方４　特徴を10文字以内で説明する

鈴木　あ、これ（机の下で体育座りをしている写真）。つけづらいです！

飯間　辞書的に言うと、「床に座って膝を抱え、その膝に頭をのせてこちらを見ている写真」なんですが、それだと長すぎます。ひと言でビシッと決めたいんです。理想的には10文字以内。

鈴木　10文字以内!?　短いとより難しいです。

飯間　これ表情がいいですよね。いたずらっぽい表情。これはなんか、すねてるのかな？

鈴木　どうなんでしょう。たしかにすねていそうな表情ですね。

飯間　それを取り入れてみましょうか。すごくすねているのか、ふりなのか。

鈴木　これは、ふりですね。

飯間　じゃあ、「すねてるふり」ですよね。

鈴木　なるほど、そうです！

飯間　もちろん、タイトルだけだとわからない部分があるから、結局写真を見ないといけないんですけどね。でも、写真と言葉で補い合って、写真の魅力を深める。もっと言うとモデルの鈴木さんの魅力を深めるようになるんじゃないですかね。

鈴木　言葉が写真の魅力を深める、面白いですね。

飯間　ファンの方にも、全部タイトルをつけてもらってはどうでしょう。

鈴木　あははは。たしかに、つけてもらいたいです。

飯間　私が偉そうに言うのも変ですが、鈴木さんのファンの方にも、一緒に言葉について考えてほしいんです。そんな時、国語辞典が役に立つんじゃないでしょうか。みなさんが辞書を手元に置いて、一日に1回ぐらい開いてみる、そんな時間を作ってくれたら、とてもうれしいですね。

使っていい・悪いではなく、自分の気持ちを表現できる言葉を選ぶ

鈴木　あと私、ブログを書く上で先生にご相談したいことがあるんです。

飯間　はい、なんですか？

鈴木　「まじ」「やばい」という言葉を、私の母がすごく嫌いなんです。母は、丁寧な言葉遣いというか、きれいな言葉遣いをしなさいとずっと幼少期から言ってくれていて、「まじ」「やばい」だけ、使うととても怒るんです。先生はどう思われますか？

飯間　私は、どの言葉も好きでしてね。「まじ」も「やばい」も好きだし。「ゴミ」とか「カス」とかいう言葉も、それぞれの歴史があって好きなんです。私たちが日常使ってい

る言葉はどれも、何かの理由があって、必要とされて生まれてきているんです。たとえ仲間内でふざけて使う俗語でも、その言葉を使うことで、お互いの気持ちが伝わるという効用があります。言葉の一つひとつが、とても大切なものだと思うんです。

鈴木　はい。

飯間　だから鈴木さんにも、ぜひ「まじ」や「やばい」をのびのびと使ってほしいんですけど、それをお母さんに納得してもらわないといけないんですよね？

鈴木　そうです。うまく説得できればと思っているのですが。

飯間　どう言えばいいのかな……。方法としては、どちらも歴史のある、伝統的な言葉ですよという伝え方があるかもしれないですね。

鈴木　なるほど、歴史があるんですか。

飯間　「まじ」っていう言葉は実は江戸時代からあるんです。『新明解国語辞典』にもさすがにそこまで書いてないと思うんですけど、ちょっと確認してみましょうか……。「〔学生などの間で〕『まじめ』の口頭語における省略表現」。

鈴木　その後の例文も面白いですね。「俺《おれ》学校をやめようとまじで思っているんだ」。

飯間　すごい例文ですね。で、その後が「それ、まじ〔＝ほんとうか〕」。

鈴木　あははは。そちらも面白いです。

飯間　『新明解』が説明してくれると、それだけで使っていい言葉のような気がしてきますよね。せっかくですから、『日本国語大辞典』というもっと分厚い辞書で「まじ」を引いてみましょうか。そうするとですね、えーっと、「『まじめ（真面目）』の略」。さらに、「まじ」が使われている古い文献の年も出ています。1781年って書いてあります。

鈴木　そんなに古くからある言葉なんですか！

飯間　つまり江戸時代ですよ。で、「やばい」もけっこう古いです。えっとね、江戸時代は「やばい」という形じゃなくて、「やば」って書いてある。歌舞伎の例が出ていて、1789年って書いてあります。

鈴木　こちらも古いんですね！

飯間　江戸時代には、「やばだね！」というような言い方をしていたらしいです。それが明治時代になって、「あ、警察が来るぞ、やばい」とかね。で、今は悪い意味だけじゃなくて良い意味でも使われるようになりました。だから、お母さんに『まじ』も『やばい』も、江戸時代からある言葉なんだよ」って言うと、認めてくれるんじゃないでしょうか。

鈴木　じゃあ、今度母に注意されたらそういう風に言ってみます。

飯間　普段文章を書く時には、この言葉は使っていい言葉かなって考えるのもいいですが、まずは、自分の気持ちがその言葉でどれだけ表現できるかっていうことを考えたほうがいいんじゃないかなと思います。

相手と自分が知っていることは違うと認識する

飯間　これは私自身の悩みでもあるんですけれども、言葉って、本当に伝わらないでしょう。

鈴木　はい。私も本当にそう思います。

飯間　今、すごく深く頷《うなず》いてくださいましたけど、私も小さい頃から人と誤解を繰り返してきて、その原因を突き詰めていくと、結局、言葉の問題に突き当たるんです。

鈴木　私も、ファンの方、大勢の方に向けた文章というのが、人によってとらえ方が変わってくるなっていうのはすごく実感していて。なるべくみなさんに同じように感じ取ってほしいのに、伝わり方が違うっていうのは悩んでいますね。

飯間　こっちが「わかってるよね」と思って伝えようとしたことが、向こうに伝わってなかったりしますよね。

鈴木　しますね。ただ、全部説明してしまうのも文章として味気ないというか、読んでくださる方に想像してほしい部分もあるので、そこで悩んでしまいます。

飯間　私がツイッターに投稿した話題で、あんまり伝わらなかった文章がありました。「最近つくづく思うけど、サンタクロースっているよね」ってつぶやいたんです。鈴木さんの友達がいきなりこんなことを言ったら、どう反応しますか？

鈴木　「私はいると思う」って言うと思います。

飯間　どんな形でいるんでしょう。

鈴木　子どもたちの夢というか、想像の中にいる。

飯間　たしかにそうですね。でも、私が言いたかったのは違うことなんです。クリスマスが近づくと、子どもたちのためにボランティアでプレゼントを配る人々がいます。無償で役に立とうとしている。そんな彼らを見ていると、子どもたちのために何かしてあげたいという気持ちの中にサンタクロースはいるんじゃないかと思ったんです。現実にいるんだと。そんなことを文章にしたかった。

鈴木　なるほど、そういう意味の文章だったんですね。

飯間　それが短いツイッターの文章だと、「何言ってるの。よくわかんないんだけど」ってなっちゃうんですよね。文章を書いている私自身は、それまであれこれと考えてきて、自分の書きたい内容はよくわかっている。でも、読む人は、私の頭の中が見えていないので、説明不足の短い文章だけでは理解してくれないんですよ。

鈴木　たしかにそうかもしれません。

飯間　考えや気持ちを文章で伝えようとする時、なかなかそこまで注意がいかないんですね。相手は私のことを全部わかっているわけではない。じゃあ、私が知っていて、相手が知らないことはなんだろうか。それを考えながら文章を書くといいですね。

鈴木　なるほど。

飯間　さっきの写真集のタイトルづけに結び付けて言うと、コンビニみたいな場所に鈴木さんが立っている写真がありました。パッと見ただけでは、コンビニなのか、スーパーなのか、読者にはわからない。まず、そこに気付くことが大事です。その上で、読者に必要な情報を、長くならないようにビシッと伝える。これが、言葉をうまく伝える技術の一つじゃないかな。

鈴木　自分が知っていることと、相手が知っていることは違う、それを踏まえた上で伝えることが大事なんですね。

（対談中に参照した『三省堂国語辞典』は第七版。
　現在は第八版が刊行されています）

辞書編集者

お話を聞いた人
三省堂　辞書出版部

おくがわ・けんたろう【奥川健太郎】さん

1968年生まれ、三重県出身。『三省堂国語辞典　第八版』の編集担当。辞書編集者歴30年のベテラン。『三省堂国語辞典』には第五版から関わる。ほか、『三省堂類語新辞典』『当て字・当て読み 漢字表現辞典』『異名・ニックネーム辞典』『マスコミ用語担当者がつくった使える！ 用字用語辞典』などを担当。

辞書の総本山・三省堂の編集部に潜入

鈴木　（編集部を見渡して）わあ、すごい。紙の束がいっぱいです。

奥川　それは2019年に出版した『大辞林』のゲラ（印刷所で刷られた試し刷り）です。

鈴木　五十音別に並べてあるんですね。8段のラックが全部埋まっています。

奥川　はい。逐次更新していくので、すぐに作業できるように置きっぱなしなんですよ。

鈴木　なるほど、そうなんですね。あっ、あれはなんですか？

奥川　あそこは私の机です。今回、鈴木さんに見ていただくために、『三省堂国語辞典　第八版』のゲラを並べておきました。

鈴木　ありがとうございます！

奥川　左から、赤字（赤いペンで入れた修正指示）を記入した第七版の校了ゲラ、第八版の初校、再校、三校、四校、そして五校に相当する責了直し（最終形のゲラ）の束です。

鈴木　たくさん赤字が入っていますね。

奥川　初校を組むためにプログラム変換した見本のゲラが最初に出てから、2年以上作業をしています。

鈴木　2年以上!?　すごく大変そうです。

奥川　再校までは、ひとまず入れたい要素を入れられるんですが、三校以降はページ数が確定しているので増やせないんです。だから、急に広まった言葉があると、それを入れるかどうかも悩みますし、ページが増減しないように調整するのが大変です。今回で言うと、「マリトッツォ」とかですね。

鈴木　マリトッツォ！　たしかに、急に流行《はや》りましたよね。

奥川　ええ。なんとか入れ込みました。ここですね（オレンジ色のカバーに包まれた紙の束を差し出す）。

鈴木　あっ、これはもしかして第八版の見本ですか？

奥川　はい。「刷り出し」という製本前の見本です。発売は（２０２１年）12月17日なので、実物はまだ印刷所で作っているところです。

鈴木　すっごく貴重なものですね。（そっとめくりながら）あれ？　こんな記号、ありましたっけ？

奥川　よくお気付きになりましたね。これは今回から入れた要素なんです。アクセントを示していて、〝」〟は音が下がる位置を、〝¯〟は下がるところがないことを表しています。

鈴木　すごい、わかりやすい！　見出し語の一つひとつに全部ついているんですか？

奥川　はい、7万数千の単語のほとんどにあります。これが第八版の目玉の一つです。

児童用や外国語辞典も同じフロアで製作

奥川　（フロアを進み）この辺りでは、小中学生向けの漢字辞典や国語辞典を作っています。
鈴木　（シロクマがデザインされた辞書を発見して）シロクマですか？　かわいい。
奥川　それは今年（2021年）出た中学生向けの改訂版です。
鈴木　こんなにかわいいデザインの辞書もあるんですね！　（辺りを見渡して）みなさんの机はけっこう、大きめですね。
奥川　一般的な机の2倍のスペースはあるかもしれません。
鈴木　そうなんですね。
奥川　あちらは、外国語辞典を作っている編集部です。
鈴木　こんにちは、失礼します。
奥川　さっきの、かわいいシロクマの、中学生向けの英和辞典、和英辞典も間もなく出版されます。

鈴木　見れば見るほどかわいいです！

奥川　そしてこちらは、管理部門ですとか、デザインの部門ですね。辞典のデザインはコンペをしたりもするんですけど、社内でもけっこう作っています。カバーの色や、箔の色も決めたりしています。

鈴木　社内でなんでも作れるんですね。

奥川　自動組版も社内でやっているんですよ。行ってみましょうか。

鈴木　（担当者の元に移動して）こんにちは、見学させていただきます。パソコンのモニターが二つありますね。ところで、自動組版ってなんですか？

奥川　辞書の紙面を実現するプログラムによって、流し込んだ文字データを自動的に辞書のレイアウトにする仕組みのことです。

鈴木　モニターに複雑な文字列が並んでいます。これがプログラムか。……辞書の紙面のデザインが出てきて、一瞬で文字が縦に組まれました。

奥川　プログラムを作るのは大変なんですが、一度完成すれば他のページも同様に流し込んで作れるようになります。

鈴木　あっという間で驚きました。ありがとうございます。

なぜ辞書の編集者になったんですか？

奥川　改めて自己紹介をさせていただきます。今回、8年ぶりに全面改訂する『三省堂国語辞典　第八版』の編集を担当しました、三省堂の奥川です。鈴木さんは辞書がお好きだと伺いましたが、好きになったきっかけはどんなことなのでしょう。

鈴木　私は中学2年生の時に乃木坂46に入り、高校2年生の時に上京したんですね。その時、それまで勉強用に使っていた電子辞書を兄にあげて、代わりに兄が使っていた父のお古の紙の辞書をもらったんです。そこから紙の辞書で言葉を調べるようになって、辞書の奥深さに惹かれるようになりました。奥川さんはどうして辞書の編集者になろうと思ったんですか？

奥川　私は元々、用例（ある言葉がどのように使われているかの例）を集めるのが好きな子どもだったんです。

鈴木　えっ、子どもの時からですか⁉　具体的にはどんなことをしていたんですか？

奥川　中学・高校ぐらいからですかね。身につけたい言葉を見つけると、国語辞典を引きながら見出しとその一文をノートに書き写したりしていました。高校か大学の頃に見坊《けんぼう》豪紀《ひでとし》先生（１９１４年〜１９９２年。現代日本語の用例採集と辞書編集に専念し、多くの言葉を採集して140万枚にのぼる用例カードを作成した）のご本を読んだら、非常に科学的な辞書編集法についての考え方が書かれていました。その編集法は、辞書は編者の頭の中で作っている感じではなく、「用例に基づいて辞書を編む」というスタイルだったんです。

鈴木　用例に基づいて辞書を編む。それはもう少し嚙み砕くと、どういうことでしょうか？

奥川　はい。つまり、自分の語感ももちろん大事ですけれども、現実に使われている言葉って、個人だけではとてもとらえきれない、ものすごい数の使用例がありますよね。自分では決して使わない言葉や言葉遣いであっても、実際の用例が無視できないほど集まれば、躊躇《ちゅうちょ》なく辞書に載せる。言わば日本語を外国語のように客観的に見ているのです。そういうところを実証的に追究した、非常にオープンな辞書編纂法に魅力を感じました。できれば『三省堂国語辞典』に携わって、先生と読者との間をつなぐような役割をしたいというぼんやりとした夢を持ちました。

鈴木　すごい。では、夢を叶えられたんですね。

奥川　ただ、大学は理系に進んだんです。

鈴木　文学部じゃないんですか？

奥川　数学を学んでいたんですけど、卒業してからもう一度文学部に入って、哲学を学びました。

鈴木　そうなんですね。

奥川　おそらく、絶対的なものに憧れがあるんでしょうね。辞書って、一度作ってしまうと長く残りますよね。その分、責任も重大なんですけど。平安時代の頃から辞書は作られていて、それが今も受け継がれている。そういう安定した確かなものを残したいという気持ちが、どこかにあるんじゃないかと思います。

鈴木　最初は理系に進まれたというのは驚きです。ちょっと話がずれてしまうかもしれないんですけど、奥川さんは辞書の部門に採用されたのですか？

奥川　はい。辞書編集者ということで採用されています。他の部署に異動することもありますが、私は30年弱、異動はないですね。

鈴木　30年！　すごく長い間、辞書に向き合ってこられたんですね。

辞書作りは生々しくて人間臭い

鈴木　実際、辞書の編集者になってみて、思っていたのと違ったことや驚いたことはありますか？

奥川　そうですね。入社前は、辞書に対して機械的で非常に冷たい感じを持っていました。辞書って整っているじゃないですか。

鈴木　はい、わかります。

奥川　ところが、いざ作り手の側になってみると、非常に生々しくて手作り感があるんです。一語一語、人の手によって綿密に検討されていますし、体裁を整えるにあたっての色々なルールなども試行錯誤しながら改善している。非常に人間臭い仕事なんだなと感じています。長く仕事を続けていると専門的な方面に目が行きがちになりますが、一般の方の感覚に寄り添いたいという思いも非常にあります。なるべく難しい表現はやめて、一読すれば、すぐに心に届くような表現を心がけています。

鈴木　そうなんですね。あまり想像がつかないのですが、辞書の編集者の方は、普段はどういうお仕事をされているんですか？

奥川　辞書ができるまでのプロセスは大きく分けて七段階あります。①編集方針検討・編集委員会組織　②執筆要領・見本原稿作成　③項目選定・用例採集　④原稿依頼・原稿執筆・原稿整理　⑤紙面設計・見本組　⑥送稿・校正校閲・ページアップ～校了　⑦下版・印刷・製本。主に編纂者の先生方が中心となって進めてくださるプロセスもありますが、編集者はこの七つのプロセス以外にも、新しい辞書の企画や読者対応、取材対応もしています。企画を立てる際は、もちろん編集部だけではなくて、営業部、販売部、製作部、デザイン室など色々な部門と話し合っています。

完成するのに4、5年はかかる

鈴木　辞書の企画というのはどういう風に立てるんですか？

奥川　私が以前、企画した辞書を持ってきてみました。（『異名・ニックネーム辞典』を差し出しながら）これはちょっと雑学的な辞書なんですが。

鈴木　面白いですね、ニックネームについての辞書もあるんですか。

奥川　こちらは記念にお持ち帰りください。

鈴木　いいんですか、ありがとうございます！　うれしい！

奥川　この本は、動植物の名前や芸能人、スポーツ選手などの異名やニックネームが載っているんですけど、実は乃木坂46さんも……。

鈴木　えっ!?　誰が載っているんですか？

奥川　齋藤飛鳥さんと、能條愛未さんと、樋口日奈さんが載っています。
鈴木　そうなんですね。
奥川　鈴木さんのニックネームは「絢音ちゃん」でよろしいですか？
鈴木　はい、「絢音ちゃん」です！（笑）
奥川　そうですよね。ニックネームは、ひねりがないと掲載しにくいので、すみません、鈴木さんのお名前は載せられなかったんです。
鈴木　大丈夫です（笑）。では、「樋口日奈」を引いてみますね……。「ひぐちひな。一九九八―　歌手（乃木坂46）。【ひなちま】『ひなちゃん』と『ひなさま』を合わせた『ひなちゃま』から」。私もきちんとした由来は知らなかったです。（マネージャーさんの「うん、合ってる」という声を聞いて）えっ、合ってるんですか？　本人に伝えなきゃ（笑）。
奥川　こういうニッチな辞書も需要があると確信して、企画しました。他には当て字の辞典なども企画したことがありましたね。
鈴木　この『異名・ニックネーム辞典』は、作るのにどれくらいかかったんですか？
奥川　4、5年はかかっていますね。
鈴木　4、5年！　その5年の間にもしかしたら（乃木坂46が）なくなってしまう可能性も、

奥川　あるじゃないですか。
鈴木　ありますね。
奥川　そうなった場合は、そこを削るんですか？
鈴木　亡くなった方は没年を加えたりしますが……。
奥川　そっちの意味での「なくなる」ですか！
鈴木　グループがなくなったり脱退された場合は、それぞれの所属先にいちいち〝元〟とつけていくとキリがないので、この辞書では活躍期のグループ名はそのまま残しています。

ミクロの視点とマクロの視点が必要

奥川　辞書はとにかく規模が大きいですし、下版までの期間も長くて関係者も多いので、編集作業はマラソンのような感じです。
鈴木　大変そうですよね。どういう人が辞書の編集者に向いているんですか？
奥川　やっぱり言葉っていうのは互いに関連しているので、一つの言葉だけを直して済むわけではないんですよね。常に全体の統一感を気にしなければならないんです。例えば、スキー用語の一つに赤字を入れる際には、他のスキー用語がどうなっているかを確認しなければならない。だから、「あ、ここがおかしい、だから赤字を入れよう」で終わりではないんです。細かいところに気付く必要がありますし、粘り強さみたいなものも必要かもしれません。

鈴木　一字一句、細かいところを見る目も必要だし、全体を俯瞰してとらえることも必要なんですね。私は飽き性なので、今お話を伺っていて、できない仕事だなって思いました。

奥川　でも、毎日違う言葉や用例にずっと出会い続けられるから、意外と飽きないかもしれませんよ。

鈴木　なるほど、そうかもしれません！　辞書は美しいという印象をこれまで持っていたんですけど、その理由が、たくさんの方の努力の結果だからなんだということを今日知ることができて、すごくうれしかったです。あっ、勝手に感想を述べました（笑）。

奥川　ありがとうございます。

出社すると、机の上にはスタッフからの疑問が山積み

鈴木　辞書の編集者が具体的にどういうことをされているのか、お仕事についてもっと知りたいです。例えば、奥川さんの、とある一日の過ごし方を教えていただいてもいいですか？

奥川　そうですね。ゲラが出てからが非常に忙しくなるので、その時期の一日をご紹介しますね。毎日大体10時くらいに出社します。そうすると机に、校正者やデータ編集の担当者からの疑問が山のように積み上がっているんです。

鈴木　朝から大変ですね。具体的にはどんな疑問ですか？

奥川　例えば「矢印があるのにその先がない」ですとか、「反対語同士が釣り合ってない」とか、「項目によって記述や体裁が食い違っている」とかです。そうすると、芋づる式にいろんなことに気付くんですよね。ここを直すと、やっぱりこっちも直さないといけないというところが出てきて……。だから、午前中はその作業をしているとあっという間に終わります。お昼も、弁当を持参してデスクで食べていますね。午後は、転記された赤字の確認や書式の点検、組版担当との電話や校正者とのメール、そして夕方に行う先生とのリモート打ち合わせに向けて、確認すべきことをまとめたりして

います。

鈴木　夕方に打ち合わせをしているんですね。

奥川　はい。疑問点を解決できないものは、編集委員の先生にお聞きします。基本的には毎日18時から20時頃まで打ち合わせをします。

鈴木　毎日2時間も打ち合わせをするんですか！

奥川　はい。帰ってからも気になることが色々頭に浮かんでくるので、ずっと辞書のことを考えていますね。

鈴木　ゲラに赤字を入れる作業は、とても大変なんですね。

奥川　はい。しかも、辞書が出る半年くらい前にはページ数を確定させないといけないので、ページの管理が非常に難しいですね。そしていったんページ数が確定すると、赤字を入れる場合はそのページの中でやりくりしないといけないんです。挿絵がある場合は段をまたいではいけないとか、色々な制限もありますし。

鈴木　考えることがたくさんあって大変ですね……。ところで、編集委員である先生方と奥川さんのような辞書編集者は、それぞれどういう役割の違いがあるんですか？

奥川　編集委員というのは、改訂の方針を定めたり、語釈を書いたり、実際に手を動かしてくださる方々です。大学の先生などの専門家で、表紙にお名前が載っている方々ですね。いっぽう、私のような辞書編集者は、たとえるならば建築の現場監督。編集方針を個別の項目に対して実行したり、ページや予算を管理したり、関係各所と連絡を取ったりしています。設計士である編集委員の描いたグランドデザインが、現場に行くと、少しサイズが合っていないとか、いろんな問題が出てくることがありますよね。そういう問題を解決しながら辞書としての形を完成させ、同時に装丁や製作、販売、営業など、いろんな部署とも連携して進めていくのが私の役割です。

鈴木　なるほど。

「ん」の最後の言葉がぴったり収まるかどうか

鈴木　一番やりがいを感じる瞬間はどういう時ですか？

奥川　やりがいというよりも、安心する瞬間なのですが、国語辞典は「ん」の項が最後なんですよね。それが、予定のページにぴったり収まった時。

鈴木　それは気持ちいいですね！

奥川　用紙の発注なども控えていて32ページ単位のページ数は変えられないので、そのページに収まるかどうかを、昼夜を問わず考えていました。で、今回の『三省堂国語辞典第八版』、「ん」の最後のところを見てみてください。

鈴木　えーっと……、すごい！　最後の言葉「んーん」が、最後のページにぴったりと収まっています!!

奥川　実は、直前までは文字が入りきらず、あふれていたんです。でも、調整してうまく収まりました。第七版の時は、けっこう空いてしまったんですけど、その時はページが真っ白じゃなければ問題ないと思っていました。今回はぴったり収まりました。

鈴木　ページぴったりに収めるのは大変ですよね。

奥川　そうですね、ページ管理は本当に……。分量の話ばかりすると辛気臭いんですが、先生方の原稿は項目によって長短があるわけです。あ行と同じようなペースで行数が増えていくんだなと思っていると、そんなに甘くない。少しの誤差が雪だるま式にふくらんで、予想と全然違うんですよね。今回は、アクセントや豆知識など新しい要素を色々盛り込んだので、その分量の見当も非常に難しかったです。

細部まで見た目にこだわる

奥川　販促用のチラシなども、営業部などと協力しながら作成しています。今回の改訂にあたっての特長をまとめたり、追加された新語の例を載せたりしているんです。

鈴木　（チラシに載っているページを見て）今回は、どうしてここのページが選ばれたんでしょうか？

奥川　アクセントが載っているところ、社会常識語が載っているところなど、第八版の特長が一つのページに収まっているところを探しました。そして、書き分け注意の表示があって、なおかつ挿絵がある。さらに、豆知識とか、由来とか、区別とかも載っている。それらが全部載っている部分はあまりなくて。

鈴木　なるほど。第八版には、アクセントの他に、社会常識語や由来や区別も載っているんですね。

奥川　はい。社会常識語は以前からありましたが、例えば「御中」とか「腑に落ちる」とか、社会に出る高校生に必要な言葉が３１００語載っています。由来は、例えば猫だったら、「古く、鳴き声を『ねうねう』などと聞きなした。その『ね』に小さいものをさす『こ』がついたもの。『にゃんこ』と同様の構成」という風に載っています。

鈴木　面白いですね。

奥川　区別は、「教示・教授」とか「面白い・楽しい」などの違いについて説明しています。

鈴木　たしかに区別のしづらい言葉たちです。こういう解説があるとわかりやすいし、便利ですね。

奥川　はい。こういう特色が凝縮されているページを探し出すためには、結局ゲラを全ページ見ないといけないんです。

鈴木　じゃあ全部めくって探したんですか？

奥川　そうなりますね。

鈴木　でも、このチラシのおかげで特長がよくわかります。第八版はものすごく実用的なものになっているんですね。

奥川　はい。デザインにもこだわっていまして。アクセントを含め、どんな記号を使うか、どの位置に収めるかを、何度も何度も試行錯誤しました。記号の上下左右にちょっとだけ空いているスペースを微妙に変えたりとか、そういう調整もしているんです。

鈴木　そんなに細かな調整をしているんですか！

奥川　もう本当に細かいので、目ではほとんどわからないのですが、ページ全体の印象が変わってくるんですよね。パッと見た時に違和感がないようにするのがすごく難しいです。

鈴木　そういう指示を、デザイナーさんにされているんですか？

奥川　いえ、デザイナーは入れていません。装丁のデザインはデザイナーがしますけど、本文の設計は編集者がしています。

鈴木　そうなんですか⁉

奥川　長年培ってきた見やすい紙面というものが、先輩方からおのずと伝承されていまして。書体を使い分けたりとか、そういうことも編集者が決めていますね。あと、今回は判型がひと回り大きくなりました。

鈴木　（第七版と第八版を見比べて）本当だ！

奥川　1ページあたりの行数と、1行あたりの文字数が増えて、紙幅が約8％広がりました。そのおかげで、第七版と比べて差し引きすると2400語程度増やしたんですけど、総ページ数を変えずに無事に収まりました。

鈴木　小さいサイズも、手になじみやすいとか、もちろん魅力はあるんですよね。でも私は、基本的にはおうちで読みますし、なるべくたくさんの情報が欲しいと思います。あと、私が初めて辞典を手に取ったのが小学生の時で、イラストがたくさん入っていて楽しかった思い出があるので、こうしてイラストが入ったりしていると、うれしくなりますね。

辞書は現代語を写す〝かがみ〟

鈴木　差し引きで2400語程度増えたということですが、例えばどんな言葉が増えて、どんな言葉がなくなったんですか？

奥川　これがその資料ですね。（新規項目や削除項目が載ったリストを指し示しながら）『三省堂国語辞典』は、〝現代語を写すかがみ〟ということで、追加と同時に削除もしています。

鈴木　現代語を写すかがみ。

奥川　はい。序文に、見坊先生の「辞書は〝かがみ〟である」という宣言が明記されたのが第三版。「辞書は、ことばを写す〝鏡〟であります。同時に、辞書は、ことばを正す〝鑑《かがみ》〟であります」。この文章は我々にとってはお守りのようなもので、第八版でも序文の後に載せています。

鈴木　『三省堂国語辞典』の軸になる考え方なんですね。

奥川　今回は帯の背にもあるとおり〝かがみ〟というのを強く押し出していますね。今の日本語を映し出すだけではなくて、ネットの検索では得られない確かな情報を示すという意味です。

鈴木　なるほど。

奥川　削除した項目ですが、例えば、「コギャル」ですとか、「ＭＤ」とかは削除しました。

鈴木　「ＭＤ」！　なくなってしまったんですね。

奥川　こちらが今回新たに加わった言葉の例です。何か気になる言葉はありますか？

鈴木　「猫パンチ」が加わったんですか。

奥川　はい。その一方で、「猫バンバン」は入らなかったんですよ。なぜなら「猫バンバン」は、猫を飼っている人は知っているけど、知らない人もいるだろうから。でも、「猫パンチ」なら、猫が苦手な方でも言葉は知っているかなという感覚で加えました。

鈴木　あ、「インフルエンサー」も入っているんですね。

奥川　曲がおありですよね。

鈴木　ご存じですか、ありがとうございます！

奥川　アイドル関係だと、「総選挙」の説明に②の「人気投票」という意味を追加しました。こういうのは、新語ではなくて新語義と言っているんですが、やはり言葉の変化の大事な一面です。

鈴木　すごい。本当に、〝今〟が盛り込まれているんですね。

発売後、すぐさま改訂の準備が始まる

鈴木　今はもう校了されたんですよね。ゲラが出ている時以外は、どんなことをされているんですか？

奥川　辞書が漏らしている言葉や用法をストックしたりとか、読者からのお問い合わせにお答えしたりご意見を記録したりとか、あとは新しい辞書を作るための編集会議を開いたりしています。

鈴木　そうなんですね。第八版が（２０２１年）12月に出ますが、それが出たらすぐに第九版の準備が始まったりするんですか？

奥川　刊行のタイミングは会社の計画によるので、まだ決まってはいません。弊社の場合、国語辞典だけでも『新明解国語辞典』『三省堂現代新国語辞典』『大辞林』など何種類も出していますので、それらが同じ年に出るのは避けています。

鈴木　なるほど。たしかに乃木坂46も、同じ月に写真集が出ないようにしているみたいです。そういう感じか！（笑）

奥川　そうですね。ただ、改訂自体はもう決まっているみたいなものなんです。それがいつになるかはわからないけれど。だから、来月には一回、編集会議を開こうと思っています。

鈴木　完成した途端に次に向かってスタートするんですね。ところで、序文はどなたが書いているんですか？

奥川　まずは編集委員の山崎誠先生が原案を書かれて、それを他の編集委員の先生方に見てもらい、手を入れていただいたりコメントをいただいたりして、練り上げていきました。5回ぐらい直しましたね。実は、3ページでお願いしますと申し上げていたんですけど、4ページで上がってきたんですよね。校了間際でしたので「明日までに3ページにしてください！」とお願いしたりして。辞書を引く方に向けて、この『三省堂国語辞典』がどういう辞書なのかをわかってもらえるように、そして今回の改訂ではどういう特長を打ち出すのかを何度も確認しました。

鈴木絢音は、なぜ毎日辞書を引くのか？

奥川　新しい辞書が発売になると、読者の方からの声も届きます。中には、ご自身の半生を振り返って、この言葉を大事にしていますとか、エピソードを読者カードに書いてくださる方もいらっしゃるんですよ。読者カードを添えていたのは、辞書の編纂に役立てようというよりも、どんな気持ちで辞書を引いてくださっているのか、何かヒントをいただければという気持ちからなんです。だから、失礼かもしれませんが、鈴木さんが毎日辞書を引かれているモチベーションをお伺いしたくて……。なぜ、辞書を引いていらっしゃるんですか？

鈴木　そうですね、私はブログを書くようになってから、なるべく間違いがない、ファンのみなさんが同じようにとらえてくださる言葉で発信したいなという思いが強くなったからです。辞書って、それが一番実現できている書物だなと思っているので。

奥川　（鈴木さんの言葉を丁寧にメモしながら）なるほど。

鈴木　その参考みたいな感じですかね。

奥川　そうすると何か表現される時に、迷ってらっしゃる言葉を引かれるってことですか？

鈴木　そうです。例えば「爆笑」と「大笑い」、この状況を表すにはどちらの言葉が適切なんだろう、なんて考えて、辞書を引きます。時代とともに意味が変わってくる言葉もありますし、それを辞書はどうとらえているのか、気になります。ある言葉を私はこういう感じで使っているけれど、辞書ではどういう風にとらえているんだろう、みたいな。そういうことを考える時に、引いたりします。

奥川　ありがとうございます。……もうそろそろお時間ですね。

鈴木　あっという間でした。今日色々とお話を伺って、「ん」の項目がページの最後まで埋まったというお話は、すごく印象に残りました。あれは自分では気付けないことだったので、これから新しい辞書を読む時は、まず「ん」の最後の項目を開こうって決心しました。あとは、たくさんの方が関わって辞書を作ってらっしゃるというのはもちろん知ってはいたけれど、みなさんがこんなにも熱量を持って関わってらっしゃるとは思わなかったので、すごく大切に読んでいきたいなって思いました。

奥川　ちなみに、今おっしゃった「熱量」にも新しい意味が第七版から加わったんですよ。今まではカロリーとか、科学的な意味しか載っていなかったんですけど、ここ数年「熱い気持ち」としてよく使われるようになりましたよね。

鈴木　たしかに、そうですね。恥ずかしい、そんな分析をされてしまうなんて（笑）。帰ったら調べてみようっと。すごく面白いお話が聞けました。ありがとうございました。

校正者

お話を聞いた人
フリー校正者

さかいだ・としのぶ【境田稔信】さん

1959年生まれ、千葉県出身。高校卒業後、専門学校で校正・編集を学ぶ。編集プロダクションを経て26歳でフリーの校正者に。以後、書籍・雑誌の他、『広辞苑』『大辞林』『新明解国語辞典』『字通』『角川新字源』などの辞書の校正に多数携わる。

校正者は間違いを指摘し、提案をする

鈴木　今日はよろしくお願いします。「校正」というお仕事のことをなんとなくは知っていたんですけど、編集者の方がまとめてやっていると思っていました。

境田　元々は編集者の仕事の一つです。人数が少ない出版社や、外注に出すほどの予算がない場合には、編集者がすべて自分で行うこともあります。

鈴木　そうなんですね。そもそも、校正者のお仕事というのはどういうものなんですか？

境田　ざっくり言えば、校正刷り（印刷する前に誤りがないか見るための試し刷り）の確認作業です。確認しておかしいと思ったら、疑問や提案をそこに書き込みます。自分の好みは出しちゃいけないんだけど、このままだと誤解を生むから「こうしたほうがよいのでは？」という提案や、「この辞書にはこう載っています」とか、「公式サイトではこうなっています」とか、根拠を添えて提出します。そして、著者や編集者がそれを見て「じゃあ、ここは変えましょう」、「いや、これはそのままでいい」とか、判断は色々ですね。でも、「絶対おかしい」と言っても採用されないことがあります。

鈴木　絶対おかしいのに採用されないんですか？

境田　例えば、料理に関する記述で「肉の表面を焼いて肉汁を閉じ込める」っていう表現が

ありますよね。

鈴木　はい、ありますね。レシピ本などでよく目にします。

境田　ところが、これは80年も前に実験で否定されているんです。

鈴木　そうなんですか⁉

境田　肉は焼けば縮みますから、ひび割れて隙間だらけになります。だから、肉汁は出放題で閉じ込められてなんかいないんです。

鈴木　たしかに、言われてみればそのとおりですね！

境田　おかしいですよって証拠を添えて出すんだけど、全然通じない。

鈴木　厳密に言うと間違いなのかもしれませんけど、イメージとして伝わりやすいこともありますもんね。難しい問題だ（笑）。

境田　著者が自分で変えてくれないと、どうすることもできません。「ちゃんと指摘はしましたからね」って諦めます。

鈴木　校正者のお仕事は、あくまでも提案なんですね。

境田　はい。本に校正者として名前が載っても決定権がないから責任持てません。前に関わった本で、前書きと後書きに単純な誤植がありました。前書きや後書きは、どうしても後回しになりがちで、著者がぎりぎりのタイミングで編集者に渡したから、私は見ていないんです。

鈴木　それは悔しいですね。でも誰にも言えないですしね……。

境田　なんだか、愚痴になっちゃいました（笑）。

校正とは、「校べ」て正すこと

境田　（手元の資料にある〈校正とは？……「校べ」て正すこと〉を指しながら）こちら、読めますか？　学校の「校」って、実は動詞の意味があるんです。

鈴木　読めないです。動詞の意味があることも知りませんでした。なんて読むんでしょう。

境田　辞書で調べてみましょうか。『三省堂国語辞典』は後ろのほうに漢字索引があるので、そこを見てください。五十音順なので「コウ」のところを引くと「校」が見つかります。

鈴木　はい。「コウ」……。あ、ありました！

境田　そこに読み方が書いてありますよね。

鈴木　はい……。「コウ、キョウ、あぜ、くらべる」と書いてあります。

境田　そう。「校《くら》べる」なんですよ。

鈴木　くらべる。初めて知りました。比較するということですか？

境田　はい。だから、校正とは「校べて、正すこと」なんです。

鈴木　なるほど。何と比べているんですか？

境田　元々は原稿と校正刷りを比べて、原稿と違っていたら直すということをしていました。

鈴木　原稿というのは、手書き原稿ってことですか？

境田　はい。昔はみんな手書きでした。コンピューター組版の場合でも、手書きの原稿を見ながらキーボードで文字を入力します。その時に打ち間違えることがあるんです。

鈴木　なるほど。元の手書きの原稿と、キーボードで入力した文字に違いがないかを確認するんですね？

境田　そうです。原稿と校正刷りを一字ずつ見比べていくと、単行本は大体２５０ページぐらいですから、５日はかかります。

鈴木　そんなに長い間、原稿と向き合うんですか！

「校正」と「校閲」は作業の範囲が異なる

境田　校正という言葉の他に、校閲っていう言葉もありますよね。

鈴木　はい、聞いたことがあります。

境田　校正部じゃなくて校閲部と言っている出版社もあります。ちなみに新聞社だと、昭和のはじめ頃から「校正部」と「校閲部」がありました。

鈴木　ということは、校正と校閲は同じではないんですね。どう違うんですか？

境田　（資料にある「校閲……閲する」を示しながら）この字はなんと読むかわかりますか？

鈴木　えっ、「えっする」でしょうか……？

境田　「えっする」という読み方もあるけど、音読みより訓読みのほうがふさわしい意味なので、ここでは違います。読み方がわからない時は『新明解国語辞典』の漢字索引を使うと便利です。

鈴木　読めない字を引ける辞典って少ないんですよね。ありがたいです。

境田　で、門構えのところを見ていくと……。

鈴木　……「けみする」ですか？

境田　そう。「閲《けみ》する」なんです。「調べる」というような意味ですね。

鈴木　知らなかったです！　「けみする」という言葉自体、初めて聞きました。

境田　「校正」は、原稿と校正刷りの照合がメイン。「校閲」は、単純なミスより、さらに用字用語や事実の確認といった、調べることがメインになってきます。でも、今では「校正」という言葉は校閲も含めた広い意味で使われています。だから、校正の仕事を依頼されても、どこまでやればいいのか、曖昧なんですよね。まあ、全部やればいいんでしょうけれど、それだけの時間とお金をもらえるのかという心配もあります（笑）。

「なんだこの字は？」手書きの文字を読み解く

鈴木　今現在、境田さんがされているお仕事は、厳密に言うと校閲になるんですか？

境田　たしかに、今は校閲のほうが多くなっています。でも、ものによってはまだ手書き原稿があるから、校正もやります。

鈴木　大御所の作家の方とかは、手書き原稿のイメージがあります。

境田　今、俳句の雑誌に携わっているんですけど、著者に80代、90代の方もいらっしゃいます。手書きの字がものすごく達筆だったり、かすれて弱々しかったり、お茶をこぼして滲んでいたりとか色々あって、読み解くのが大変なんです。

鈴木　ふふふ、想像するだけで難しそう。

境田　以前あったのは、上が竹冠、下が木偏で、右がよくわからないという一文字。かなり崩してあるので、やっとそこまで推理できたんです。よくよく見たら、下は根っこの「根」だと判明しました。

鈴木　つまり、竹冠に、根っこの「根」ですか。

境田　でも、そんな字はないでしょう？　なんだろうと思ったら、本当は「箱根」と書こうとして、箱の「木」までいったところで「根」にいっちゃった。

鈴木　ああ、なるほど！　組み合わさってしまったんですね！

境田　直筆だったらルーペで見て筆跡がわかるものも、ＦＡＸやコピーだとそれができなくて。だから、手書きの原稿を校正するのは大変です。

「鈴」「木」「絢」「音」の金属活字

境田　ここで鈴木さんにプレゼント。こちらをどうぞ。

鈴木　ありがとうございます、これ、なんでしょう。文字が浮き出るように、それぞれ「鈴」「木」「絢」「音」と彫られていますね。

境田　「金属活字」という代物《しろもの》です。

鈴木　金属活字……？　どうやって使っていたんですか？

境田　金属活字を並べてインクを載せて、紙を押し付けることで印刷していました。

鈴木　1文字印刷するのに、1本必要ということですか？

境田　そうです。だから本を1ページ印刷するには、これが700本ぐらい必要になります。並べた活字が崩れないように周りをタコ糸で縛るけど、隙間があると動いてしまうから、行間とか空白にも金属の込め物（空白部分を作るために活字より一段低くなった金属の塊）を隙間なく入れます。

鈴木　単純な文字数分だけではないんですね。

境田　なんで「活字」なのかというと、1回使ったものを使い回しができて、活かすことができるから活字って言うんですよ。

鈴木　なるほど。たしかに何度も使うことができるのは面白いです。

境田　昔は再利用していたんだけど、やがて1回使ったら溶かしてしまうようになりました。自動鋳造機という機械が開発されて、指定した文字を自動的に鋳造できるようになったんです。それでも、鋳造機がない小さい印刷所では、再利用で傷んだ活字を使うしかありません。

鈴木　これはどこで手に入るんですか？

境田　活字屋さんっていうのがまだあるんです。

鈴木　わざわざご用意くださったんですか？　ありがとうございます！　すごい、どうやって使おうかな。

境田　セロハンテープで巻いて、スタンプのように押すことができますよ。

鈴木　自分の本とかに押そうかな。ありがとうございます！

境田　そして、これがその金属活字を1ページに組んでから載せる木のお盆です。ゲラと言います。

鈴木　ゲラ？　ゲラって校正刷りのことですよね。

境田　はい。出版業界の人はみんな、校正刷りのことをゲラって言いますよね。その由来がこの長方形の木箱です。ここに金属活字の組版を一時的に置いたんです。ゲラという箱にある段階の組版から刷った「ゲラ刷り」を略してゲラと言うようになりました。

鈴木　ゲラという言葉は、昔の印刷の仕方が関係していたんですね。知らないことばかりです！

中退したスクールの講師に

鈴木　ところで、境田さんはどうして校正者になられたんですか？

境田　ろくに進路を考えていなくて、なんとなく体育系の大学に行こうと思っていました。当時、陸上競技をやっていて、先輩や同級生が教員志望だったから、自分も同じような道かなと。適当だから受験勉強も何もしなくて、不合格になって初めて将来何をやりたいかと考えた時、本が好きだから出版関係の仕事がしたいと思ったんです。

鈴木　どんな本がお好きだったんですか？

境田　漫画が大好きで、漫画の編集をしたいと思っていました。そんな時、たまたま雑誌で目にしたのが、日本エディタースクールの紹介です。校正の検定試験に合格すると、日本校正者クラブという団体に入れます、という案内もあって。じゃあ、その合格を目指して校正をやってみようと思ったのがきっかけです。高校の時、文芸クラブにも入っていて、タイプ印刷で文集を作っていました。校正については全く知らずに編集していたんですけど、スクールで学んでいく中で校正記号を使い、原稿と見比べて直す技術や、編集全般についても色々勉強したんです、が……。

鈴木　が？

境田　実は修了してないんです。

鈴木　えっ!?　途中でやめちゃったんですか？

境田　修了する前に、漫画本も出している小さな出版社へ面接に行ったんです。そうしたら、すぐに来てくれと言われて。アルバイトみたいなものなんですけど、学校をサボって仕事を始めて、検定には合格しても期末試験を受けていないから未修了でした。……だから、いまだに通っているのかも（笑）。

鈴木　え？　どういうことですか？

境田　今は講師として通っています。

鈴木　そうなんですね！　長いお付き合いですね。初めに入った出版社で校正のお仕事を始められたんですか？

境田　そこは2か月経っても本採用してくれなかったんですよね。でも、数年後につぶれちゃったので、本採用になったところで路頭に迷っていたと思います。その後、以前から手伝っていた地元千葉のタウン情報誌を編集していましたが、経営は厳しい状態でした。数か月して、スクールから東京の小さな編集プロダクションを紹介してもらって、そこで5年ちょっと働いてからフリーになったんです。

鈴木　辞書の校正はいつから始めたんですか？

境田　編集プロダクションにいた頃からです。そこは校正がメインで、書籍の原稿整理や指定（編集の段階で文章や表記を整え、文字の大きさや書体などの組み方を担当者へ伝える作業）、雑誌のレイアウトとか、辞書の校正以外にも色々やりました。

辞書1冊に20〜30人の校正者が携わる

鈴木　辞書の校正って、すごく大変そうな気がするんですけど、普通の書籍との違いはありますか？

境田　基本的には同じだと思います。ただ、一番違うのは量です。辞書は字数もページ数も多いですよね。それから、普通の本なら大体再校までだけど、辞書は五校ぐらいあります。

鈴木　1冊全部をお一人でチェックするんですか？

境田　いえ、違います。例えば『新明解国語辞典　第八版』の場合で言うと、私は「ふ、へ、ほ」と「ま行」を担当しました。さらに同じパートを他の校正者も見て、ダブルチェックしていたそうです。辞書1冊で20～30人の校正者が携わったと聞いています。

鈴木　20～30人。それは辞書特有のことなんですか？

境田　ええ、一人で全部やっていたら何年もかかるから、分担しないと大変です。あと、間違いは絶対に許されないので、なるべくたくさんの人間の目で確認することが大事なんだと思います。

鈴木　具体的にはどういう作業をされるんですか？

境田　校正刷りの訂正が次の校正刷りで反映されているか照合したり、読み進めながら体裁が不統一だったり、事実関係の間違いがあったりすれば、直しの提案をします。

鈴木　辞書の事実確認って、難しくないですか？

境田　そうですね。気にならないことでも素通りしないで調べます。ちょっと引っかかることがあれば、資料や他の辞書を見て、「こういう解釈、こういう用例がわかりやすい」など、提案するようにしています。でも、あまり行数は増やせないので、自分なりの提案があればお伝えするという感じです。

鈴木　なるほど。行数については、編集者の奥川さんもかなり気を遣っていらっしゃいました。

境田　事実確認で言うと、以前「ハードル」を調べたことがあります。

鈴木　陸上のハードルですか？

境田　はい。『新明解国語辞典　第六版』（２００５年）では、「ハードル」のところに「ハイハードル」と「ローハードル」という子項目があって、そのローハードルのところに「二〇〇メートルハードル競走」と書いてありました。この「二〇〇メートル」は第一版からずっと載っていました。でも、私は陸上競技をやっていたのに、２００メートルハードルって聞いたことがなかったんです。男子は１１０メートルと４００メートル。女子は１００メートルと４００メートル。だから、おかしいなと思って調べてみたら、１００年前のオリンピックには２００メートルがあったことがわかりました。

鈴木　えー！　そんなに昔の種目なのに、ついこの間まで辞書に載っていたんですか？

境田　不思議ですよね。それを第七版で直してもらいました。せっかくなので、見比べてみましょうか。

鈴木　ほんとだ。２００メートルはなくなっていますね。

境田　そこは直ったんですけど、第七版にはまだ「障害物競走に使う木の枠」と書いてありました。

鈴木　木の枠……。ハードルって木製でしたっけ？

境田　最初は全部木製でした。戦後は、脚の部分が金属製になって、今は上のバーも木じゃないんですよ。だから第八版で変えてもらいました。３０００メートル障害なら木製ですけど。

鈴木　そうなんですね。陸上をやっていたからこその視点ですね。

境田　こういう細かいところが、改訂によって徐々に変わってきます。だからなんだという方も多いと思いますけど、私はその変化が面白いんです。

鈴木　私も面白いと思います！　面白くないと思う人がこの世にいるのかっていうくらい（笑）。

提案した言葉が辞書に載ることも

鈴木　辞書には新語が載ることもあると思うんですけど、新しい言葉に出会った時は、何をよりどころにしてチェックされるんですか？

境田　チェックには、その分野の文献とか事典、インターネットも活用します。載せるかどうかは編集部の判断になりますね。例えば『新明解国語辞典　第八版』の校正刷りに「ミスト」がないことに気付いて、提案したら入れてもらえました。

鈴木　すごい。境田さんの提案が採用されて新語が載ったんですね。そういうことって、けっこうあるんですか？

境田　何度かあります。面白いのは「すっぴん」です。『三省堂国語辞典』では1992年刊行の第四版で初めて載ったもので、それまでどの辞書にも載っていませんでした。

鈴木　色々な言葉を提案されているんですね！

境田　実はその前に『広辞苑　第四版』の校正をしていて、「すっぴん」を入れたらどうですかと編集部に提案したけど、校正が進んでいたので、もう新しい項目は入れられない。結局、次の第五版に載って、広告の「こんなに新しい言葉が載りました」という中に「すっぴん」がありました。それは第四版の校正をしていた8年前に言ったんだけど（笑）。

鈴木　うれしいような悔しいような、複雑な気持ちですね。

境田　『広辞苑』には間に合わないから、顔見知りで『三省堂国語辞典』の編者だった見坊先生に「すっぴん」を入れてほしいと手紙を書いたんです。私は1978年刊行の『笑解現代楽屋ことば』という芝居関係の本を根拠にしたけど、驚いたことに見坊先生は1963年に、もうカードにしていた事実を数年前に知りました。

鈴木　え、15年も前に気付いていたってことですか？

境田　エノケンと呼ばれた昔の喜劇役者、榎本健一の談話が新聞記事になっていて、その中にあった「素ッピン」を採集していらっしゃいました。それから30年近く経って一般にも普及したから、辞書に載せたわけです。

鈴木　30年、長いです。新しい言葉がすぐに辞書に載るとは限らないんですね。

赤ペンから意外な物まで！　校正者の仕事道具

鈴木　お手元のケースは、お仕事道具ですか？　何が入っているんですか？

境田　これは持ち運び用の道具セットです。青鉛筆とか定規とか、付箋、のり、ホチキス。あとは折り畳み式のルーペ。先ほど言ったように、手書きの文字を解読する時に使います。

鈴木　（立ち上がって近くに行き、ケースを見ながら）赤ペンがたくさんありますね。
境田　5、6本はあります。太さが違うのとか、メーカーが違うのとか。
鈴木　校正のお仕事には、太さはどれがいいんですか？
境田　よく使うのは0・4ミリです。0・3ミリも、画数が多い漢字とか、細かい校正記号を書く時には使います。あと、紙によっては書きにくいことがあるから、赤鉛筆やサインペンで太く書いたりもします。
鈴木　表面がつるつるしていて、インクをはじいちゃう紙もありますよね。消せるペンも使われるんですか？
境田　消せるペンは絶対ダメです。校正にとって、赤字は決定ということなんです。疑問や提案は鉛筆で書きますけど、赤字は確実な誤り。絶対に直すことが決まっているものが消えたら困りますから。消せるペンは消しゴムでも消えてしまうし、高温や低温の環境次第で消えたり現れたりするおそれがあります。
鈴木　そうか、赤ペンはかなり大切なアイテムなんですね。（何かに気付いて）あ、それはなんですか？
境田　これはスクールで使っている物で、10円玉です。
鈴木　え？　でも色が緑っぽいですよ？

境田　銅の錆《さび》のことを「ろくしょう」と言います。「緑青」と書いて「ろくしょう」。で、これはその緑青の実物。ニューヨークにある「自由の女神」って薄緑色ですよね。あれは、これと同じなんです。

鈴木　「自由の女神」、銅でできているんですか？　知りませんでした。

境田　銅メダルの銅と同じだから本当は赤っぽいんですよ。それが錆びて、今は薄緑色になっています。スクールで漢字問題をやった時、これを見せて説明しても漢字は覚えてくれません。なんか、10円玉の変なのは見たけど、「ろくしょう」はどんな字だっけ？なんてね（笑）。

鈴木　でも、境田さんの楽しませようとしてくださる気持ちは伝わっていると思います！

12畳の部屋に辞書が7000冊以上

鈴木　境田さんは辞書をたくさんお持ちだと聞いたのですが、どれぐらいあるんですか？

境田　そうですね、7000冊以上はあります。

鈴木　え!?　そんなにたくさんお持ちなんですか!?

境田　以前は何を買ったか細かくデータを記録していたんですけど、もう何年もサボりがちで、あまりやっていません。だから実際はもっと多いと思います。少なくとも、２日に1冊のペースで増えていましたから。

鈴木　たしかに、記録をつけておかないと、何を買ったかわからなくなりそうですね。

境田　しかも刷り違いを集めているのがあって、『広辞苑』だけでも１００冊以上です。

鈴木　１００冊も！　同じ本なのに刷り違いを集めるのはなぜですか？

境田　どの辞書も多かれ少なかれ、増刷の途中で手直しが発生しているからです。ないかもしれないけど、あるかもしれない。それを自分の目で確かめたいんです。以前、知人から「本の装丁のソウテイという漢字が、『広辞苑』の第一版と最近の版で違うんだけど、変わったのはいつなのか」と聞かれたことがありました。調べてみると、最初は「装幀・装釘」だったものが第二版は「装幀・装釘・装丁」になっていたんです。これは、第二版で変えたものではなくて、第一版の途中で変わりました。第一版は１９５５年に出て、69年に第二版が出ます。その間の増刷途中、どこかで変わったわけですけど、その当時は『広辞苑　第一版』を５、６冊しか持っていなかったから、正確にわからなかったんです。

鈴木　いくらお好きとはいえ、全部は持っていないですよね（笑）。

境田　そうなんです。でも、聞かれたら知りたいじゃないですか。そこから頼まれもしないのに、５年かけて29刷まで集めました。第１刷は、製本所が違うだけで３冊持っています。現在は、辞書が増えすぎて、家はもう悲惨な状態です。12畳の部屋に７０００冊以上を置いているから、昔は部屋に入れるお客さんは二人までだったのが、今は自分一人でも難しくて（笑）。ここにある『絶景本棚』（本の雑誌社）という、色々な人の本棚の写真を載せた本に、我が家の写真も載っています。

鈴木　え！　私この本持ってます！　（本を見ながら）本当にすごいお部屋ですね。

境田　鈴木さんが以前対談した飯間浩明先生も、20年前から何度か来訪しています。知り合いの大学教授が院生を連れて来ることもありました。ここで合宿したいとか言い出して……といった話がこちらの『じしょへん』（久木ゆづる著、ＫＡＤＯＫＡＷＡ）に出てきます。私は、この漫画に出てくる校正者のモデルになっているんです。

鈴木　そうなんですか！　こんなに色々とご準備くださって、ありがとうございます。この熊井田さんですね、たしかに境田さんの面影があります。

境田　漫画の中でも部屋の様子が描かれていて……（鈴木さんと一緒にページをめくりながら）。こんな感じで、地震がなくても本が雪崩を起こすことがあります。

鈴木　わあ。私にとっては宝の山です。

大切なのは、自分が納得できるかどうか

鈴木　辞書はいつから集め始められたんですか？

境田　編集プロダクションに就職した頃からですね。そこでは主に書籍の校正をしていました。最初は何もわかっていないから、辞書を引きまくったんです。知ってる言葉であろうとなかろうと、とにかく全部を確認。すると引いているうちに、どうにも納得できないことが出てきて、あっちの辞書、こっちの辞書と、引き比べるようになりました。でも、辞書によって見解が違うことがあって、全部引いても満足できなかった時に、もっと古い辞書ではどうなっていたのか、と思い至ったんです。少なくとも明治まで、さかのぼってみることにしました。１００年くらいのスパンで、辞書にどう載っていたのかを知るために古い辞書を集め始めたわけです。

鈴木　なるほど。初めはお仕事がきっかけだったんですね。

境田　特に、戦前に発表されたものを校正する時、現在の辞書を引いても、正しいのか誤植なのか、よくわかりません。近代の著作を仕事で扱うと、当時の表記を知りたくなるので、明治・大正時代の辞書を引いてみます。あくまでも自分の興味なので、仕事に絶対必要というわけではないけれど、自分が納得するために古い辞書を見てみたかっ

たんです。それから、辞書を通して、言葉や文字の歴史はもちろん、製本や印刷の歴史とか、出版にまつわる色々なことが見えてくるのも楽しみでした。

鈴木　手元で、実物で見たいということですね。

境田　はい。ということで、一部持ってきました（古ぼけた和本を取り出す）。

鈴木　すごい！　これはなんですか？

境田　江戸時代の辞書です。これは寛政9年の出版だから、古すぎですね（笑）。

鈴木　寛政9年って、西暦だと何年ですか？　（編集者の「1797年です」という言葉を聞き）……昔すぎて、ぴんとこないです（笑）。

境田　これは「節用集」という、いわゆるジビキです。

鈴木　ジビキ……って、字を引くって書く、あれですか？

境田　そうです。字引は表記を確認するために使われていました。

鈴木　つまり、どうやって書くかを知るために使っていたということですか？

境田　はい。特に、この崩し字。崩した字の横に、崩していない字が書かれていますよね。

鈴木　（辞書を見ながら）これは「舞う」っていう字ですよね。舞うっていう字が、こういう風に崩されますよっていうのがわかるんですね。

境田　そうです。当時は、こういう崩した字をみんな日常的に書いていたんですよ。

鈴木　もしこんな崩し字で書かれたお手紙をもらっても、全く読めないです（笑）。

境田　これは、いろは順になっています。江戸時代の辞書にも五十音順のものがわずかにあったけれど、明治になってから出た近代的な国語辞典から五十音順が普通になりました。

鈴木　すごいですね。ぱらぱらと見ても、何が書いてあるかさっぱりわからないですし、今使っている言葉とか漢字があまりないような気がします……。

境田　今の国語辞典みたいに、日常の言葉を網羅しているわけではないんです。手紙とか文《もん》書《じょ》を書く時に引いていたんでしょうけど……。

鈴木　そうなんですね。もしかしたら当時の人にとってはなじみのある言葉なのかもしれませんね。

境田　たぶん、色々な人がちょっとずつ手を加えて作って、また次の人が手を加え……という感じで、新たに言葉を加えていったんだと思います。あんまり、著作権とかそういう意識がない時代ですから。もっとも、現在でも辞書にあるのは全体の編集著作権だけで、個々の項目に著作権はありません。

鈴木　色々な方の努力で受け継がれていったんですね。

これぞ職業病!? 日常生活で間違いに気付いたら

鈴木　校正のお仕事をされていると、日常生活でも言葉の間違いが気になったりするんですか？

境田　気になるというか、「あれ？　おかしいぞ」って気付くことはありますね。一度、テレビを見ていて局へ電話をしたことがあります。ニュース番組のコーナーでやっていた日本語クイズの答えが間違っていたんです。

鈴木　それは気になってしまいますよね！

境田　電話して「今放送しているクイズの答えが違いますよ」と伝えたら、電話を取った人は番組を見ていなくて「あ、そうなんですか」って、全然取り合ってくれませんでした。

鈴木　歯がゆいですね！

境田　テレビ局によっては、生放送のニュースでテロップを出す時、その直前に校正者がチェックしていることがあります。そうかと思えばアニメなんかも、『ルパン三世　カリオストロの城』では、「お陽さまの下に」というセリフを「したに」と言っていました。正しくは「もとに」ですよね。

鈴木　あー。声優さんが間違えちゃったんですね。

境田　そんな風に、時々おかしいと感じることもありますけど、いちいちそれを指摘したり、目くじら立てていると精神的によくないので、「おやおや」と思うだけにしています。ごくまれにツイッターで、こっそりつぶやく程度ですね。

鈴木　言葉が間違って使われていることって、けっこうあるんですね。

境田　最初は間違いでも、みんなが使えば「変化」になります。辞書に対しても間違っていると思うことはあるんですよ。「イケメン問題」というのがありまして。

鈴木　イケメン問題？　どんな問題なんですか？

境田　どの辞書もイケメンのイケは「イケてる」、メンは顔の「面」、または英語の「men」という説が載っています。でも、雑誌「men's egg」（大洋図書）を見れば「イケてるメンズ」を略して「イケメン」になったのが明らかです。だから「面」じゃないんです。

鈴木　ギャル男雑誌までチェックされているんですか⁉　すごく幅広いですね。

境田　ほら、ここに書いてあるでしょう？　（該当ページを開いて鈴木さんに見せる）

鈴木　ほんとだ。「イケてるメンズ」って書いてあります。

境田　では、『三省堂国語辞典』の第七版（２０１４年）で「メンズ」の用例を見てください。

鈴木　メンズですね、はい。……おっ、「いけてる――」と載っていますね。

境田　「イケメン」の項目には「一九九〇年代末に例があり、二〇〇〇年以降に広まった」と書いてあるんです。「men's egg」の創刊は１９９９年で、その年から「イケメン」という言葉が使われていたのは間違いありません。それなのに、なぜ「イケメン」を、イケてる「面」にしてしまうのか。

鈴木　「イケてる面」説もあるってことなんでしょうか？

境田　省略された状態から後付けの解釈で「面」や「men」としているにすぎません。由来に関するもので言うと「銀ブラ」もそうです。一時期、テレビのクイズ番組で何度も「銀ブラは銀座でブラジルコーヒーを飲むこと」だという由来が正解になって、一気に拡散しました。でも、そうじゃない。たまりかねて飯間さんも『三省堂国語辞典』の第七版から、それは誤りだと、わざわざ書いています。

鈴木　正しい由来はなんですか？

境田　「銀座をブラブラ散歩する」が由来で、大正時代からあった言葉です。でも、もっとさかのぼった大もとは、慶應義塾大学の学生たちが喫茶店に行くために銀座「まで」ブラブラ歩く、だったんですよ。

鈴木　銀座をブラブラではなくて、銀座までブラブラ歩く。

境田　交通費を節約して、三田から銀座までブラブラ歩いて喫茶店に行ったというのが発祥です。

辞書を引いてみたくなる！　言葉の面白エピソード

鈴木　言葉って、本当に奥深いですよね。

境田　他にもいくつか言葉のエピソードをご紹介しますね。「下駄箱」って、今はほとんど下駄なんか入ってないのに、それでも下駄箱と言うでしょう？

鈴木　たしかに。小学校とかで下駄箱って言っていました。

境田　『新明解国語辞典』には、50年前の初版から「下駄箱」が載っていないんですよ。かといって「靴箱」や「シューズボックス」もないから謎です。同じような例では「筆箱」。語釈は「ふたをするようになっている筆入れ」……筆なんて入ってますか？

鈴木　入ってないですね！

境田　「吊り革」は、昔は手で持つところまで全部、革だったんです。それが段々、持つところがプラスチックに変わって、今は吊ってあるところも人工素材ですよね。

鈴木　へー！　吊ってある紐《ひも》のような部分が革だったのは想像がつきますが、持つところも革だったんですか！

境田　そして「グラビア」。雑誌のグラビアって、出たことありますよね？

鈴木　はい、あります。

境田　でもそれ、実はグラビアじゃないんです。

鈴木　グラビアじゃない？　どういうことですか？

境田　昔の雑誌では、写真ページはグラビア印刷（凹版）という印刷方式が使われていて、文章中心の記事のページは活版印刷（凸版）で印刷されていました。今はほとんどがオフセット印刷（平版）だから、写真ページはグラビアじゃないんです。

鈴木　そうだったんですね！　グラビアってすごく身近な言葉なのに、由来を知りませんでした。

境田　あと、「耳ざわり」という言葉。これは『大辞林　第一版』（1988年）の7刷から項目が二つになりました。一つは元からあった「耳障り」で、音や言葉を聞いて不快に感じること。もう一つは「耳触り」で、聞いた感触のこと。耳触りがいい、悪いって使います。

鈴木　耳ざわり、と聞くと、私は後者の意味をまず思い浮かべます。でも追加された意味だったんですね。

境田　はい。ただし、1刷から「美辞麗句」という言葉の説明に「耳ざわりのよい文句」と書いてあったんです。「耳触り」の項目は載っていないのに。さらに『日本国語大辞典』という1970年代に初版が刊行された日本最大の国語辞典にも同じように書いてありました。だから逆に、なぜこれまで項目になっていなかったのか不思議なんです。永井荷風も夏目漱石も使っていて、第二版（13巻＋別巻、2000〜02年）には、江戸時代の用例まで載りました。

鈴木　間違った意味が広まった、というわけでもないんですね。たしかに不思議です。

境田　ところで、「ルビ」って聞いたことありますか？

鈴木　はい、振り仮名のことですよね。

境田　そうです。その「ルビ」の由来は宝石のルビーから来ています。欧米では活字の大きさごとにニックネームがついていて、ダイヤモンド、パール、ルビーと色々ある中で、かつて日本で振り仮名に使われた活字の大きさが「ルビー」だったんです。それで「ルビ」になりました。ついでに言うと、「辞書は言葉の宝石箱」だと私は思っています。

ミスから言葉が生まれることも

鈴木　言葉は昔の名残が伝わっていたり、ちょっとずつ変化したりして受け継がれているんですね。

境田　そうですね。他に、誤植がそのまま広まった例もあります。

鈴木　えっ、そうなんですか？

境田　例えば「ゴキブリ」。元々は「ごきかぶり（御器噛）」という名前でした。「御器」というのは食器の一種で、「かぶり」は、かじるという意味です。

鈴木　器にかじりつくってことですか？

境田　そう。その様子を表した名前だったんだけど、明治時代に生物学の本の誤植で「カ」が抜けてしまいます。それ以降、どの本もなぜか「ゴキブリ」になりました。ちなみに2005年には『誤記ブリぞろぞろ』（日本エディタースクール出版部）なんて校正の本が出ています。

鈴木　間違いが広まっちゃったんですね。

境田　誤植だったのは「蜚蠊」につけられたルビでした。しかも2か所のうちの1か所だけに誤植があったのです。「ごきかぶり」の言い方は定着していなかったから「ゴキブリ」が勢力を増したのかもしれませんね。

鈴木　面白いです！　そういうミスから生まれた言葉もあるんですね。

境田　他にも、「独擅場《どくせんじょう》」が「どくだんじょう」と読み間違われて、表記も手偏が土偏にされて「独壇場」になったりしました。「無造作」が、いいかげんなことと思われて「無雑作」と書かれ、段々辞書にも載るようになってきたり、と似た例はたくさんあります。単純な変化でいえば「湯かたびら」が「ゆかた」に略されて、とっくの昔に誰も本来の言い方はしなくなりました。

鈴木　言われてみれば、たくさんありますね！

境田　意味の変化でいうと「やばい」があります。元々悪い意味だったのが、今は「好きすぎてやばい」のようにプラスの意味でも使われています。

鈴木　「とても」みたいな意味でも使われます。「やばいかわいい」とか……。

境田　アメリカでも同じような現象が起こっているんです。英語の「bad」も、最近では「良い」っていう意味があるんですよ。

鈴木　へー！　そうなんですか！

境田　スラングから来ているんでしょうけど、英語の辞書を引くと意味の一つに「良い。すばらしい」と書いてある。今ではプラスの意味でしか使わない「かわいい」も、元々

鈴木　は「かわいそう」と同じで不憫《ふびん》な様子を表したから、褒め言葉ではありませんでした。

鈴木　えっ、そうなんですね。知らなかったです。全く逆の意味に変化する言葉も、意外とたくさんあるんですね。

漢和辞典で漢字1万字の形を確認

鈴木　もう少し、境田さんのお仕事についても伺いたいのですが、これまで辞書の校正をされてきて、印象に残っていることはありますか？

境田　『角川新字源　改訂新版』の校正では、見出しになる漢字が従来のままでよいのか、そのデザイン、つまり字の形を全部確認しました。1万字以上ありますから、あんまりゆっくりは見ていられなかったんですけど。

鈴木　ひぃー。わけがわからなくなってしまいそうです。漢字の形って、どんなところに注意して確認するんですか？

境田　ひたすら字の形を見て、ここはくっついていてもいいのか、離れたほうがいいのか。線が出ているのか、出ていないのか。同じパーツが矛盾していないか、といった確認をやりました。

鈴木　それは何を参考にするんですか？

境田　主に、1716年に中国で作られた『康熙字典』です。それまでの集大成だから、漢字辞典のお手本、基準になりました。約5万字を214種類の部首に分けてあって、同画数の字をどの順番で載せるかは、現在も『康熙字典』に倣っているんです。

鈴木　300年以上前の辞書を今でも参考にしているんですか！

境田　漢和辞典の最初にある凡例を引くと、どの辞書にも必ず『康熙字典』のことが書いてあります。確認してみましょうか。

鈴木　はい。（漢和辞典をめくって）ほんとだ、「おおむね康熙字典に倣った」って書いてありますね。

境田　大昔の中国の漢字辞典は、部首の分け方に決まりがなくて、多かったり少なかったり、辞書によって違っていたんです。214種類になったのが大体400年前。300年前の『康熙字典』は、皇帝の命令で作られたものですから、そこを変えると罰せられるわけです。

鈴木　そっか、権力に逆らうわけにはいきませんから、内容は変えちゃいけないんですね。

境田　だからこそ統一できたとも言えます。それから何年かして日本に輸入されて、日本でも複製を作りました。中国でも日本でも何度か作り直していますから、それらを初版に近い木版本から、銅版、石版、活版、オフセットの復刻本まで１００点ほど集めています。２０００年に作られたＪＩＳ漢字の第３水準・第４水準を載せた本（規格票）の参考字形には、私が所蔵している初期の『康熙字典』が使われました。ところが、元々字の形に矛盾が多くあった上、その製作過程でのミスもあったわけです。初期の本は、先ほどお見せした節用集のような木版本が主流でした。どうやって複製するかというと、和紙などでできた元の本を裏返して板に貼り付け、彫刻刀で彫るんです。だから、少しずつ変化が起きてしまいます。例えば「考」という字。本当はこちらでした。

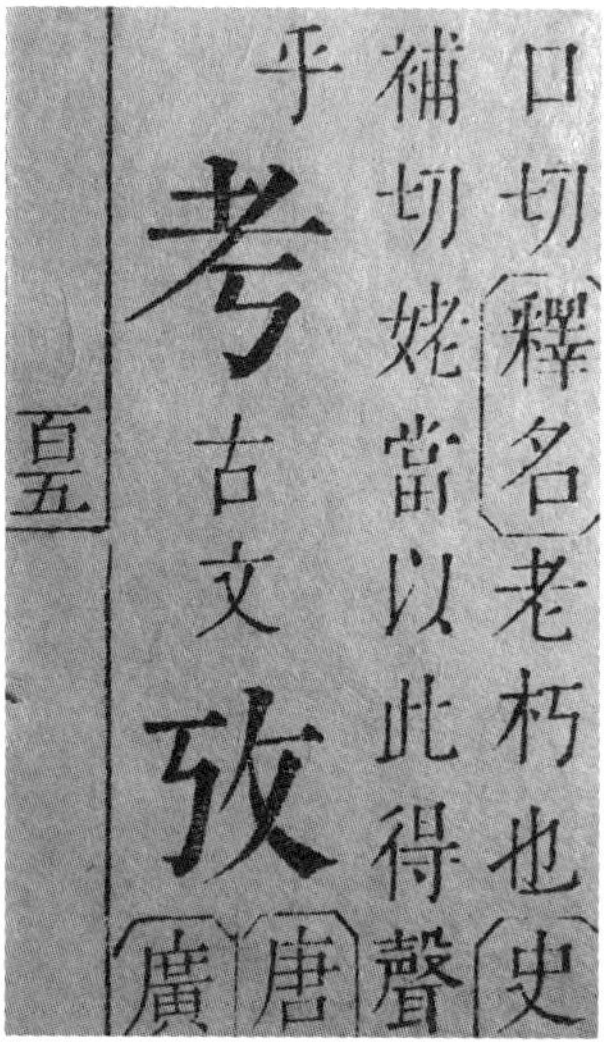

出典:『康熙字典』

鈴木　ん？　えーっと、「土」を書いて「ノ」を書いて……その次が、ちょっと違いますね。

境田　そう。右から左下へ払うのは間違いなんです。正しくは、左から右に書く「丂《コウ》」。これを木版で彫った時に、「一」の右側に明朝体特有の三角のウロコみたいなのが付いていますけど、それが右から左へ払っているように見えたのかもしれません。その字が日本では、明治以降に普及した金属活字の手本になりました。同様に「叱る」も右側が「七」なのに、ずっと「匕」だったんです。

鈴木　なるほど。これはたしかに間違えても仕方ないですね。

境田　漢字以外でも、片仮名の「ヲ」を2画だと思っている人が多くて、実際にデザインもそうなっている字がたくさんあるんですけど、本当は違います。

鈴木　え、そうなんですか⁉

境田　本当は3画で「ヲ」。「ニ」を書いてから「ノ」を書くのが正解です。書体のデザインをしている大ベテランのデザイナーに「2画になってるから変ですよ」と言ったら、「え、そうなの⁉」って（笑）。知らずに今までずっと2画でデザインされてきたのでした。

鈴木　でもたしかに、私も「フ」を書いてから「一」を足していました。3画だったんですね……。

境田　アルファベットで小文字の「ジー」も、書体によって色々な形がありますよね。「g」「g」「g」「g」とか。これは、みんな正解なんです。どれも正しいデザインで、書体によって違うだけ。でも昔、「g」はグラムの記号じゃないから「g」に直したいという編集者がいたそうです。「これはあくまでも文字のデザインだから、どっちでもいいんですよ」と言っても、「いや、グラムの記号は全部gに直せ」と譲らなかったとか。

鈴木　思い込んでしまっていたんでしょうか。そんなこともあるんですね。

境田　漢字にも色々な形があります。乃木坂46のサイトウさんは、1期生に3人いましたよね。

鈴木　はい、齋藤飛鳥さん、斎藤ちはるさん、斉藤優里さんがいらっしゃいました。

境田　比べてみると、3人とも「サイ」が違う漢字です。新字・旧字の2種類だけだったらまだいいんだけど、戸籍に載っている「サイ」の字は、なんと59種類もあるんです。

鈴木　えっ、そんなにたくさんあるんですか！　（示された資料を見ながら）崩れたような字もいくつかありますが、全部正しいってことですもんね。

境田　正しいというより、戸籍にはこう書いてあるという例なんです。戸籍は、元々手書きでした。しかも本人が書いたものではなくて、明治になって戸籍制度ができた時に役場の戸籍係が書いたわけです。画数が多い場合は本人でさえ正確に書けない人がいたんじゃないかと。

鈴木　だから崩れたり、ちょっと違ったりする字がたくさんあるんですね。

境田　役所は「戸籍通りに書かないとダメです。違っていると本人とは認めませんよ」と言います。それで戸籍を見て初めて、自分の名字はこういう字だったのかと知る人がいたりもするんです。届け出をすれば簡単に普通の字にできるのに、先祖代々この字だと思い込んでしまい、マークのようにこだわる人がいて困ります。文字は、みんなが共通で使える必要があるんです。

校正者として透明人間を目指す

鈴木　境田さん、本当に知識の幅が広いですよね。

境田　ハタから見たら、変なマニアがいるぞって感じでしょう？

鈴木　とんでもないです！　お話を伺うと、大変なことも多いお仕事なんだなと思いました。

境田　でも、結局裏方なんですよ。だから、ミスをすれば目立つけど、ミスがなければ目立たないし、誰も気付かない。あたかも透明人間のようです。何も引っかかるところなく安心して本が読めるということですから、気付かれない存在になっているのが一番いいわけです。全部できて当たり前で、1か所でもミスがあると「ごめんなさい、次は頑張ります」と言うしかない。あの人が校正したから立派な本になった、よくなったなんていうことは、滅多にないですね。「こうしたらわかりやすいですよ」「事実と違うからこうしましょう」と言っても、それはあくまでも提案であって、自分の手柄になるわけではない。

鈴木　辞書以外の本も校正されているんですよね？

境田　はい。普段はフリーの校正者なので、雑誌や書籍をメインにやっています。で、たまたまお呼びがかかれば、辞書の校正もやる。常に辞書だけの校正を継続してやっているわけではないんです。書籍の校正の仕事は突然入ってくるから予定が全然組めない。編集者側も、著者が原稿をいつ書いてくれるかわからないから大変みたいです。

鈴木　そうなんですね。中でも一番大変だった思い出の本ってありますか？

境田　サンキュータツオさん（芸人・日本語学者）の『国語辞典の遊び方』（角川学芸出版）を校正した時は、スケジュールに余裕がなかったけれど自分だったら資料をたくさん持っていて確認が早くできるから引き受けました。色々チェックして無事に期日通り初校を戻したのですが、再校が出た時に大問題が起こってしまって……。

鈴木　え！　何が起こったのですか？

境田　用語の統一をする際、単語を一括で置換されてしまったんです。例えば「とき」を「時」と置換すると、「もっときれいに」という文章が「もっ時れいに」になる。そういう感じで全然違う言葉なのに、たまたま同じ文字列になっているところをみんな置換されちゃったわけです。しかも、表記を原文のままにしなければいけない引用文まで。だから、再校で全部の照合をやり直すことになりました。時間はないし、とにかく仕上げるので精いっぱいです。その本が完成して、サンキュータツオさんが出版記念講演会を開く時、ゲストに呼ばれました。さらに講演後、サイン会があるからあなたもサインしなさいと。校正者が著者と一緒にサイン会なんて聞いたことないんですけど……、ちゃっかりやっちゃいました（笑）。

鈴木　それだけ信頼されたってことですよね。すごいなぁ。お仕事をしていて一番うれしい瞬間は、どういう時ですか？　本が発売される時ですか？

境田　うれしい時というのは、なかなか思いつかないです。自分がやった校正が、ちゃんとできているのかわからないという不安が常にあって。もしかしたら何か見逃しているかもしれない、そういうことの繰り返しですから。

鈴木　そうなんですね。これだけ辞書に精通されていますし、辞書編纂者になりたいと思われたことはないんですか？

境田　見坊先生が亡くなった後、編集委員のお一人から『三省堂国語辞典』の編纂をやらないかという話を酒の席でされたことがありました。でも、大変な仕事ですから、やるならやるで集中しないといけない。もう、今までの仕事は一切合切なげうって辞書に向き合うぐらい。その覚悟はできなかったので辞退しました。

鈴木　そうだったんですね。様々な本に触れられる校正者という職業、たしかに魅力的ですものね。今日、色々お話を伺って、辞書にはたくさんの方が関わっているっていうのを改めて知ることができましたし、やっぱり、プロフェッショナルな方は違うなぁと感じました。ありがとうございました。

境田　こちらこそ、ありがとうございました。

印刷工場

見学したところ

さんせいどう・いんさつ【三省堂印刷】

東京・八王子の約８０００平米の敷地に本社・工場・倉庫を構える日本屈指の印刷会社。１８８９年、三省堂印刷所として創業し、１９８１年に三省堂より分離独立。三省堂の教科書や辞書はもちろん、その他出版社、官公庁・学校、諸団体などの刊行物も幅広く取り扱っている。

辞書はどうやってできる？　六つの工程を予習

西野　今日はよろしくお願いします。業務部の西野真一と申します。現場に行く前に、そもそも、辞書にはどういうパーツがあって、どのように組み合わさって本になるのかというところを説明させていただきます。あちらにバラバラにした辞書を用意しましたのでご覧ください。

鈴木　ありがとうございます。よろしくお願いします。

西野　大まかな流れで言うと、辞書ができあがるまでには六つの工程があります。①複数ページの塊をひたすら刷る　②それを辞書のサイズに切って束ねる　③束を糸で連結させる　④ページの余計な部分を切り落とす　⑤表紙をのりでつける　⑥組み立てたケースに収める。今日はこの六工程すべてを見ていただこうと思っています。

鈴木　辞書はページ数が多いから、まずは大量に刷るんですね。

西野　はい。印刷効率を上げるために、１ページずつ刷るのではなく、複数ページを１枚の大きな紙で一気に刷っていきます。

鈴木　なるほど。大きな紙というのがどれぐらい大きいのか、気になります。

西野　今ご紹介したのは本当に大雑把な流れで、実際はもっと細かい工程が付随します。

鈴木　印刷工場を見学させていただくのは初めてなので、すごく楽しみです！

西野　では、早速工場へ移動しましょう！

鈴木　教科書で見たことがある、昔の印刷機械のようなものがたくさんあるのかな……。でも今、辞書は普及しているから、もっと近代っぽい機械があって、すごい生産量なのかも。よくわからないのでワクワクします。

巨大なトイレットペーパー？　ドライヤーのお化け？

馬場　現場全般を見ている馬場久信です。質問事項があればお気軽に声をかけてください。

鈴木　ありがとうございます。よろしくお願いいたします。……すごく天井が高くて、ビュオーという、急行電車が通過した時のような大きな音がしています！　そしてとっても大きな機械と、巨大なトイレットペーパーみたいなものがありますね。これはなんですか？

馬場　この、トイレットペーパーのお化けみたいなものは、巻取紙と言います。この巻取紙を高速で回転させながら、どんどん文字を印刷していきます。

鈴木　すごいですね、めっちゃ速い！　この1ロールでどのくらいのページを刷れるんですか？

馬場　辞書を作る場合で言うと、1万5000枚分くらい巻いてあります。1枚が64ページ分なので、つまり辞書96万ページ分です。1時間には192万ページくらい印刷できます。

鈴木　1時間に192万ページも！　どうやって印刷するんですか？

馬場　では、こちらへ。……この高さ1メートルくらいの薄いボードを見てください。これはハンコのようなもので、これにインクをつけて印刷しています。

鈴木　なるほど……。わ、飛行機が離陸する時みたいな大きな音がしました！（作動した機械を見ながら）あれはなんですか？

馬場　はい。ドライヤーのお化けのようなものです。先ほど見ていただいた、トイレットペーパーのお化けのようなものに高速で印刷をした後、紙についたインクを乾かすための機械です。その後、切ったり折りたたんだりしてこのレーンから出てきます。

鈴木　（馬場さんが示したレーンの近くに移動して）きれいに束が並んで出てきますね。

馬場　今、ドライヤーで乾かしたばかりだから、ほんのり温かいんですよ。ちょっと触ってみてください（レーンから束を1部取り、鈴木さんに手渡す）。

鈴木　本当だ、あったかい！　できたてほやほやの辞書ですね。

馬場　では、場所を移動しましょう。次は丁合《ちょうあい》という工程を見ていただきます。

鈴木　はい、よろしくお願いします。

機械がページ順に並べ、人間が最終チェック

鈴木　思っていたよりも、一つひとつの機械が大きいです。手作業は少ないのかもしれないですね。次はどんなことをしているんですか？

馬場　これは、先ほど見ていただいた束、折丁《おりちょう》と言うんですが、全ページ分の折丁の束をページ順にまとめているところです。この作業を丁合と言います。折丁の「丁」に「合わせる」と書きます。

鈴木　自動的にページ順に並べられるなんてすごいですね。

馬場　例えば、1という折丁が流れてきたら、その上に2という折丁が載るようにできています。その繰り返しで1冊にまとめる形ですね。

鈴木　なるほど。機械が間違って並べてしまうことはないんですか？

馬場　それを防ぐために、最後は人間が確認します。目視で。
鈴木　目視で！　そこは人の目で確認するんですね。
馬場　自動的に読み込むところもあるんですけど、うちは人がやっています。
鈴木　目視で確認するのは大変ではないんですか？
馬場　実は、背標《せひょう》というものが刷り込まれていて、それを見るとすぐにわかるようになっているんです。
鈴木　背標ですか？　全く知らない言葉です。
馬場　本棚に辞書が入っている時、その辞書の名前などが書いてあるのが見えますよね。その部分が背で、そこに入れる記号のことを背標と言います。完成品には表紙がついているので隠れていますけどね。
鈴木　どんな記号が入っているんですか？
馬場　これです。（順番通りに並んだ折丁の束を見ながら）線が山の形になってますよね？
鈴木　本当だ、山の形をした線が3本描かれていますね。
馬場　こんな風に、きれいな山の形になっていれば正しい順番で並んでいるということなのでＯＫ。でも、例えば同じ折丁が二つ入っていると、山の形が乱れてしまうので、順番が正しくないんだとすぐにわかるんです。

鈴木　なるほど。やっぱり大切なところは人が確認しているんですね。
馬場　では、次は糸をつける工程に移動しましょう。
鈴木　はい！

専用の糸でページを縫い合わせる

馬場　ページ順にまとめた束を、この機械を使って糸で縫って1冊にします。
鈴木　糸で縫ってるんですね。すごい、家庭用のミシンの3倍ぐらいの糸芯が10本も並んでいます。音もミシンの音が大きくて素早くなったみたい！
馬場　辞書は繰り返し何度も使うので、本が壊れたり、ページが取れたりしないように、他の本とは違って、こういう昔ながらの糸で、かがるという作業をしています。
鈴木　すごい速さですね。特殊な糸なんですか？
馬場　専用の糸ですね。綿だったり化繊だったり種類は色々あるんですけど。紙によって太さを変えたりもします。それで、1冊単位になると、ちゃんと糸が切られて排出されていきます。

鈴木　そうなんですね。
馬場　次は糸でくっつけたものを、本の形に仕上げる部門になります。
鈴木　いよいよ完成するんですね。楽しみです！

そんなことまで!?　細かい配慮を重ねて辞書が完成

馬場　先ほど糸で1冊にかがりましたが、背の部分がまだしっかり固まっていなくてぐらぐらするので、補強していきます。
鈴木　はい。何で固めるんですか？
馬場　のりです。のりをつけた直後は濡れていて、乾燥させないといけないので、ヒーターで乾かして、この数十メートル続いている長いレーンをぐるーっと回って、向こうのほうで余計な部分をカットします。
鈴木　余計な部分というのは？
馬場　紙の角って四角いですけど、それだと使っているうちにボロボロになってしまうので、角を丸く、この上と下の2か所を切り落としてるんです（カット前とカット後の紙を差し出す）。

鈴木　たしかに丸いですね。普段使っていても全然気付いていませんでした。しかも、このレーンに載せるだけで、そういう細かい加工が一度にできるなんてすごいです。

馬場　では、次の工程へ移動しましょう。

鈴木　（到着して）インクの匂いがしますね。

馬場　ここでは、小口《こぐち》（本のめくる側の部分）への「あかさたな」といった文字の印刷をしています。

鈴木　なるほど。あのガイドがないと、辞書を引くのがとっても大変になりますよね。

馬場　ここにある、緑色のふにゃふにゃしたゴムのようなもので印刷していきます。

鈴木　（印刷される様子を見て）わあ、本当だ、あっという間に印刷されるんですね。

馬場　その次はこちらのほうで、本を丸くします。

鈴木　本を丸くする、というのはどういうことですか？

馬場　ページをめくりやすいように、背にふくらみを持たせる加工をしているんです。

鈴木　そんなに細やかな気遣いがあったんですね。たしかに、ただの紙の束は、ページとページがくっついて、めくりにくいことがあります。でも、辞書にはそれがないですもんね。知らなかったです。

馬場　はい。あとは、何回も繰り返し使っていると本が途中で半分に割れてしまったりすることもあるので、さらに補強をしていきます。やり方は色々あるんですけど、この辞書の場合は、紙を背中の部分にのりで貼り付けています。

鈴木　辞書は長年使うものだから、丈夫になるように工夫されているんですね。

馬場　そうですね。そして、補強が終わったら、いよいよ表紙をくっつけます。まず、のりがついたローラーの間に表紙を通して、表紙にのりをつけます。そして束と合体させます。最終的にはまた人の目で確認をし、形を整えたりして、一日おいて完全に乾かしてから出荷します。

鈴木　最後の最後までしっかり確認して、ようやく世の中に出ていくんですね。

馬場　はい。それでは最後に、ケースを作るところもご紹介しますね。

鈴木　（スコンスコンパコン、スコンスコンパコンという音を聞いて）リズムの良い音ですね。平たかったケースがどんどん立体的に組み立てられていきます。

馬場　これはケースを組み立てる装置で、製函機《せいかん》と言います。組み立てる前の厚紙の状態に、ホットメルトというのりを噴射して、木型に挟んで押さえ込んで立体的に組み立てていきます。

鈴木　こちらもすごいスピードです。のりでつけているんですね。

馬場　冷めるとくっつくのりです。ホチキスで留めるタイプもあるんですけど、うちは安全も考えてのりづけにしています。

鈴木　ケース作りというのは、辞書ならではの作業ですよね。ホチキスではないというのも、読者への気遣いがすばらしいです。

機械と人の手、両方で作られる辞書

鈴木　本日は、見学させていただきありがとうございました。かなり機械化されているなという印象を持ちましたが、大事なところはやっぱり人が確認していることを知って、辞書作りの大変さがよくわかりました。個人的には、丁合の工程が一番興味深かったです（笑）。ちなみに、先ほどの機械の中で一番古い機械はどれなんですか？

馬場　表紙をくっつけたりとか、背中にのりをつけたりする機械は、もう25、26年は使っています。

鈴木　けっこう長いんですね。作り方というのは、どんどん変わってきているんですか？

馬場　組版するところまではどんどんコンピューター化されているんですけど、印刷自体は、もちろん機械が新しくなったりはしているものの、工程としてはそれほど変わらないですね。

鈴木　そうなんですね。辞書のデジタル化も進んできてはいますけど、物としての辞書の作り方は、あまり変わらないんですね。

木村　ただ、最近の辞書はデジタル対応しているものも多いです。あ、私は三省堂で製作管理を担当している木村広樹と申します。ページの後ろにスクラッチがあり、削るとコードが出てきて、アクセスすると紙の辞書と同じように使えるというものもあります。

鈴木　段々そういう時代になってきているんですね。紙とデジタル、両方使えるっていう。

木村　鈴木さんは、紙とデジタルのどちらがお好みですか？

鈴木　私は断然、紙の辞書派です。紙をずっと使っていますし、最初に辞書を好きになったきっかけが、兄から父のお古の辞書をもらったという経験だったので。その、物をもらうというのがやっぱり、物体がないとできないことなので特別感があります。それに、今日見学させていただいて、辞書はたくさんの工夫が施されて完成しているんだなということがわかりました。だから私は、これからもずっと紙の辞書を大切に使っていきたいです。

辞書の「外側」を作る人

お話を聞いた人
三省堂　製作管理部

きむら・ひろき【木村広樹】さん
２００６年入社。編集者や印刷会社、製紙会社などとの間に立ち、様々な調整を行いながら予算や進行を管理している。

三省堂　デザイン室

さの・ふみえ【佐野文絵】さん
２００８年入社。辞書の表紙やケースはもちろん、販促用の関連グッズなど、デザインにまつわるすべての業務を担当している。

辞書のページ数によって、出荷するダンボールの寸法も決まる

木村　改めまして、製作管理を担当している木村です。仕事内容を簡単に言うと、社内の関係者と印刷会社さん、製紙会社さんとの接点となり、様々な調整をしています。

鈴木　まとめ役でいらっしゃるんですね。具体的にどのようなことをされているんですか？

木村　まずは、編集者から企画の立案があるんですね。で、それに合った費用算出をしないといけないので、編集者がどういうものを作りたいのかをヒアリングしながら、それに合った資材などを選びます。

鈴木　最初の企画の段階で、もう紙を選ぶんですね。

木村　はい。使う資材や辞書のページ数によってコストは変わってくるので、まずはそのあたりを編集者にヒアリングします。デザイン担当者にも、どういうデザインにしたいかを確認しながら費用を算出します。で、費用を編集者にバックして、編集者はその他の費用、例えば、編纂者の方々の印税であったり、原稿料であったり、販促費だったりを含めて、その企画が成り立つかどうかを検討します。そして、費用的にＯＫであれば、社内で稟議がかかって、そこで承認されればスタートという形になりますね。

鈴木　なるほど。「では作りましょう」となった後は、どういう関わり方をされるんです

か？

木村　まずは刊行スケジュールを作成します。基本的には刊行希望時期から逆算して、印刷や製本にどれくらいの期間が必要かとか、じゃあ編集の作業はどこまでとれるのかっていうところを計算して編集者に見てもらいます。その後は、進捗状況を確認しながら進めていきます。編集作業はどうしても遅れる傾向があり、遅れるとみなさんにご迷惑をおかけすることになりますので、遅れないでねとつついたり。資材の準備もありますから、滞らないように気を配っています。

鈴木　全体の作業がスムーズに進むようにチェックされているんですね。

木村　そうなんです。以前、奥川との対談の時にページ数の話が出ましたよね。辞書が発売される半年くらい前にはページ数を確定させないといけないって。

鈴木　はい。ページ数が確定した後は、その中で文字の修正や追加をしないといけないから大変だとおっしゃっていました。

木村　たしかに編集者も大変だと思うんですけど、全体の進行を管理しているこちらからすると、早めにページ数を確定してもらわないと困っちゃうんです。ページ数が確定すると「束《つか》見本」（作成予定の書籍と同じ材料、ページ数で作るサンプル）を作成するのですが、私は束見本が一番のポイントだと思っています。束見本を作って本の厚さが決まったところから、全部の設計図を書くことができるんです。例えば、表紙の寸法はどのぐらいかとか……。

鈴木　たしかに、分厚い本ならそれだけ表紙のサイズが大きくなるし、薄い本なら小さくなりますね。

木村　はい。カバーの寸法も、ケースの寸法も、それから、出荷する時のダンボールの寸法まで決まります。あとは、小口印刷（辞書の背中と反対側の側面に印刷されている、「あかさたな」などの文字）も辞書の厚みが設計図と異なると、印刷される場所がずれてしまいます。だからページ数の確定が大事なんです。

鈴木　なるほど。様々なことが束見本を軸に組み立てられているんですね。

木村　ですから、束見本ができてくれば一安心というところではありますね。

鈴木　束見本ができた後は、スケジュールに遅れが出ないかなどを見ながら調整していくという感じですか？

木村　そうですね。正式に部数が決まれば資材の発注をして、最終的に、印刷・製本所が稼働できる期間などと照合しながら進めていく形ですかね。

紙はまるで生き物のよう

鈴木　色々な方と関わる、調整するお役回りなので大変なことも多いと思うんですけど、特に大変なのはどういうところですか？

木村　やっぱり用紙のトラブルは大きいです。特に記憶に残っているのは、束見本を作ったのはいいんですけど、いざ製品ができあがってきたら、三省堂印刷さんから「厚みが全然違うんだけど」と言われて。なんでだって思ったら、束見本の用紙の厚みがぶれていたんです。

鈴木　用紙の厚みがぶれていたというのは、どういうことですか？

木村　元々の設定値より、1000分の5ミリくらい厚い紙が製紙会社から支給されていたんです。そうとは知らず、束見本を作ってもらって本番に入ったんですけど、製品ができあがってきたら、ケースも表紙も寸法が合わない。それからは全部、支給された紙は計測していますけれども、その時は本当に大変でした。

鈴木　1000分の5ミリなんて、ほんの少しの紙の厚みでも、そんなに影響が大きいんですね。

木村　はい。例えば、1枚の厚みが1000分の1ミリ違うと言われても、それくらい大したことはないように感じるかもしれませんけど、２０００ページの辞書なら１ミリ変わってきます。

鈴木　そっか。１０００分の１×２０００÷２で１ミリですね。辞書はページ数が多いから、少しの違いでも影響が出てしまうんですね。

木村　はい。そうすると、ケース寸法が合いません。表紙寸法が合いません。全部がダメになります。

鈴木　しかもその時は、１０００分の５ミリ違っていたんですものね。それは大変そうです……。

木村　だから、製紙会社には「どうか紙の厚みがぶれないようにしてください」とお願いしているんですけど、自分でも難しいお願いをしているとは思っています。というのも、紙ってものすごいスピードで作られるんです。先ほど工場で見ていただいた、トイレットペーパーのお化けみたいなのがありましたよね。あの印刷と同じくらいのスピードで、がーっと毎分３００メートルくらい作るんです。その速さで１０００分の１ミリも差が出ないようにしてねっていう。しかも、湿度などによっても紙の状態は変化するので、紙は生き物と同じくらい取り扱うのが難しいんです。

鈴木　そうなんだ、紙は生き物なんですね。紙の厚みのトラブルが起きた時は、どうやって対処されるんですか？

木村　紙が予定より厚い場合は、先ほど工場で本の背をまぁるくしてふくらみを持たせ、ページをめくりやすくする加工を見ていただいたと思うんですが、そのふくらみの度合いを減らしたりします。逆に紙が予定より薄くて、相対的に表紙が大きくなってしまった場合は、箔押しされていないところを切ってもらったこともありました。そういうピンチを乗り越えるアイディアを、現場の方々が出してくださるので、とても助かっています。

鈴木　みなさんのチームワークによって作られているんですね。

木村　あと、箔がのらないこともありました。

鈴木　箔というのは、表紙によく使われている、金箔の部分のことですよね？

木村　はい。金箔や銀箔などの箔を、プレス機を使って熱と圧力で転写することを箔押しと言うんですが、箔がどうしてものらないことがあったんですよね。原因はわからないんですけど、表紙が革だったので、革から出る油分なのか、もしくは梅雨時に染色をかけていたので、その染色の乾きが悪かったのか。2か月くらいずっと箔押しをやっていたんですけど、全然つかなくてはがれちゃう。結局、業者さんのほうでなんとか押してくれて、刊行にたどりつけました。

辞書の紙は、「小説幻冬」の紙と比べてどれくらい薄い？

鈴木　ところで、辞書の紙って薄いのに丈夫な印象があるんですけど、特別な紙なんですか？

木村　そうですね。パッと見はわからないんですけど、辞書で使われるような薄い紙には、繊維が長い材料が使われているんです。分厚い紙というのはそんなに簡単に破れたりしないので、繊維が短いです。そのほうが材料費も安いので。

鈴木　たしかに、繊維が長いものを使ったほうが、ちぎれにくそうです。丈夫なのに、こんなに薄いなんてすごいですよね。

木村　じゃあ、ちょっとクイズを出してみてもいいですか？　辞書の紙って、他の紙と比べて、どれくらい厚みが違うと思いますか？

鈴木　ええ⁉

木村　ちなみに鈴木さんの連載があった「小説幻冬」で使われている紙は、コピー用紙とほとんど同じ厚みです。

鈴木　それと比べてですよね……。体感、3分の1くらいかなと思います。

木村　そこまではいかないです。

鈴木　いかないですか（笑）。

木村　正解は、半分くらいです。

鈴木　半分くらい。へー！　それなのに、文字が裏に透けることもないですよね？　そういう工夫もされているんですか？

木村　紙を製造する工程で着色したりとか、その他に塡料《てんりょう》と言って、石灰を溶かしたものだとか、そういう色々なものが製紙会社のノウハウで入っていたりするんです。だから、加工の仕方によって、同じ厚みの紙でも裏に透けにくかったり、透けやすかったり、色々です。

鈴木　着色もされているんですね。たしかに、辞書の紙はちょっとクリーム色っぽいというか、真っ白ではないですね。

木村　白色になると文字が透けちゃうので。ただ、ここ数年は白色の紙を使うことも増えてきています。小学校、中学、高校の辞書でも、一部は白色になっています（紙が白い辞書とクリーム色の辞書を鈴木さんに差し出す）。

鈴木　あ、ほんとだ、たしかにこちらは白いですね。

木村　初めはそれ、1枚を光に透かすと裏の文字が透けてしまって、全然使えなかったんですけど、製紙会社に改良していただいてなんとか完成しました。紙はどんどん進化しているんですよ。例えばこの『大辞林』の第三版と第四版を見てください。

鈴木　第四版のほうが、少しだけ薄いですね。

木村　はい。ところが実は、第三版より第四版のほうが224ページ増えているんです。

鈴木　えっ、ページが増えているのに、厚さは薄いなんてこと、できるんですね！

木村　紙をだいぶ薄くしてもらったので、その分薄く仕上げることができました。224ページといえば通常の単行本1冊分ですから、1枚1枚がかなり薄くなっているということをおわかりいただけると思います。

鈴木　すごいですね。『大辞林』は大きいから、作るのがそもそも大変そうです。

木村　重たいので、一日作業すると次の日に何人かは休まれると三省堂印刷さんから聞いています。

鈴木　やっぱりそうなんですね、大変なんだ（笑）。

木村　本当に休むそうですよ、腕が疲れちゃって（笑）。

鈴木　木村さんも大変なことが多いかと思うんですけど、お仕事のやりがいはどんなところにあるんですか？

木村　これだけ多くの方に関わっていただいているので、仕上がった時はうれしいですよね。その後、何があるかまだわからないので、こわい部分もありますけど、編集部に「見本ができたよ」って持って行く時は特にうれしいです。あとは、書店でお客様が手に取ってくださっているのを見かけた時とか。辞書なのであまりないですけど、通勤通学の途中で持ってくださっている方を見かけた時は、「あ、うちのだな」って思います。そういう時はやりがいを感じますね。

鈴木　そうですよね。いくつもの企画を同時に進行させていらっしゃるんですか？

木村　そうですね、1冊だけだと仕事にならなくなっちゃうので（笑）。例年で言えば、辞書で増刷を含めて年間のべ100書名くらいは関わっています。

時代に合った色をデザインに取り入れる

鈴木　デザイン担当の佐野さんにもお話を伺います。よろしくお願いいたします。

佐野　よろしくお願いいたします。早速ですが、これ、何かわかりますか？（そう言って2、3センチ四方の赤・青・白の色が2種類ずつ載っており、それぞれ横に「PANTONE 221C」などの名称が書かれた紙を差し出す）

鈴木　赤、青、白……なんでしょう……？

佐野　これは『新明解国語辞典　第八版』の表紙の色指定です。具体的にどんな色を使う予定なのかを、関係者に共有するために使うんです。

鈴木　あ、本当だ。『新明解』でおなじみの、赤・青・白ですね。色の隣に書かれているアルファベットと数字はなんですか？

佐野　カラーチップという、インクの色の基準となる紙片があるんですけど（250枚ほどが束になった色とりどりの紙を渡す）……それぞれの色に名前がついているので、それを記すことで、どの色かわかるようになっているんです。

鈴木　なるほど。たしかに「赤がいい」と言っても具体的にどんな赤なのかは、なかなか伝わらないですものね。へー、ここから決めるんだ。ちなみに、どうして『新明解』には、赤・青・白の3色があるんですか？

佐野　『新明解』の初版が発売されたのは1972年で、当時、辞書の保守的なイメージを払拭するために、カラフルな赤・青・白の3色が発売されたと聞いています。初版でやったように3色同時で出しましょうということになって、第八版は最初から赤・青・白で出しています。人によって好みがあるので、好きな色を持っていただけるように。

鈴木　好きな色で辞書を選べるというのは素敵ですね。

佐野　ありがとうございます。ただ、同じ赤でも青でも白でも、時代によって変わっています。時代の色というのがあるので、微妙に違うんです。

鈴木　そうなんですか。時代に合わせて色みが若干変わっていたというのは知りませんでした。表紙のデザインをする時は、他にどんな作業をされているんですか？

佐野　表面がぼこぼこしているものとか、つるつるしているものとか、生地のタイプも色々あるので、それも指定します。

鈴木　たしかに、色々な手触りのものがありますよね。けっこう初期の段階から細かいことまで決めていくんですか？

佐野　そうですね。本が出される半年くらい前には決めています。で、サンプルがこんな感じで上がってくるんですけど（表紙のサンプルをいくつか差し出しながら）、お願いしてから3週間から1か月くらいですかね、サンプルが上がってくるまでにかかるのが。

鈴木　（受け取って）ありがとうございます。たしかに比べてみると、手触りが違いますね。

佐野　それは『新明解』のサンプルで、若干厚みがあるんです。厚みがあるので、凹凸の加工ができます。その半分くらいの薄さのビニールシートというものもあるんですけど、そっちは薄いので凹凸加工はできません。

鈴木　なるほど。表紙一つとっても様々な選択が必要なんですね。

辞書を持つ喜びや楽しさを実現したい

鈴木　辞書のデザインは特殊な気がするんですけど、大変なことや気を付けていらっしゃることはありますか？

佐野　辞書に限ったことではないのですが、本は立体物です。特に辞書は分厚いので、立体的なデザインを心がけています。一番考えていることは、どうしたら店頭で一番目立たせられるか。だから、店頭でどうやって見えるかを意識してデザインしています。例えば、ケースのどの面にも書名を入れるようにしています。天にも地にも背にも。棚にさされていても、平置きされていても、なんの辞書かわかることを目指しているんです。

鈴木　そっか。どこから見てもわかるようになっているんですね。

佐野　書店の平台は舞台とも言われていて、そこに辞書を置いた時に、できるだけ目立つように。あとは、持って使うものなので手触りなどにも気を付けています。目で見て、手で触って。

鈴木　目立たせるために、どのような工夫をされているんですか？

佐野　そうですね、ホログラムを使ってキラキラさせたり……（ホログラムが使われた辞書を差し出す）。

鈴木　本当だ！　キラキラしていますね。ケースを外した辞書の本体にも水玉模様が描かれています！　こういうかわいい辞書、あまり見かけない気がしますが、作ったきっかけを教えてください。

佐野　これは中学生向けなので、中学生はどんな辞書が欲しいのかなぁ、持っていて楽しい感じがするものはどんな辞書なのかなぁということで考えました。今は何が流行っているのか、SNSなどからも情報を得て、ピンクがいいかな、キラキラしたものが好きかなって。

鈴木　物として持つ喜びや、楽しさもありますものね。

佐野　はい。そういう出会いを大切にして、長く辞書を使っていただきたいです。

辞書のデザインはパッケージを作る感覚に近い

鈴木　デザインをする時に、辞書ならではの面白さというのはありますか？

佐野　辞書はケースに入っているものが多いので、パッケージに近いところがありますよね。この間、パンダが描かれたケースを作ったんですけど、表はパンダの顔が描かれていて、裏には後ろ姿が描かれているというデザインにしました。意外と、辞書のデザインは自由度が高いんですよ。

鈴木　面白いですね。辞書のデザインは制約が多そうな印象でしたけど、たしかにパッケージに近いと考えると、デザインの幅が広がりそうです。佐野さんは辞書のデザイン以外も担当されているんですか？

佐野　外部のデザイナーさんに依頼することもあるので、その手配や管理をしたり、本文デザインの相談を編集部から受けることもあります。基本的には、本文デザインはあまりしないんですけどね。

鈴木　たしか奥川さんが、ご自身で本文のデザインをされているとおっしゃっていました。

佐野　はい。そういう時にアドバイスをしたりします。あとは、ＰＯＰとかチラシとかグッズなどデザインに関するものに関わっています。

鈴木　逆に辞書のデザインで大変なことはありますか？

佐野　急に来る仕事はいつも大変ですね。時間がなくて考えられないのはやっぱり困ります。

鈴木　辞書ができあがるまで4、5年はかかると、以前奥川さんに教えていただいたので、じっくり製作されているのかと思っていました。けっこうバタバタするんですね。

佐野　バタバタしますすね。最初のデザイン出しが一番しんどくて、決まればそれにのって一生懸命やっていけるんですけど、アイディアを出すのにはなかなか苦労します。

鈴木　何種類もアイディアを出すんですか？

佐野　多い時は20案くらい出しますね。何人かのデザイナーで20案くらい出して、社内投票をします。

鈴木　社内投票があるんですね！　その20案というのは、色々な方向性なのか、それとも基本は同じでちょっとずつ違うものなのか、どっちなんですか？

佐野　色々な方向性ですね。書名を縦にするのか横にするのかっていうところから始まって、書体を明朝体にするのかゴシックにするのか。見た目が違うものをいくつも考えます。

もしも鈴木絢音が辞書のデザイナーだったら？

鈴木　最終的にどんなデザインにするかというのは、編集者の方が決めるんですか？

佐野　辞書には編纂者の方ですとか色々な方が関わっていますから、編集者が辞書に関わった方たちの意見を聞いて、営業担当とも調整して決めるという形ですね。

鈴木　では、佐野さんご自身としては、どういう辞書のデザインがお好きなんですか？　予算とか納期とか色々制限があると思うんですけど、そういうのは全部なしで、佐野さんのセンスにお任せしますって言われたらどんなデザインにしますか？

佐野　うーん、やっぱり箔とかをふんだんに使って、キラキラした辞書を作りたいなと思ったりはします。他社さんよりも先にいろんなことをやってみたいというのもあるので。ちなみにこのホログラムのキラキラは、辞書業界の中で早いほうだったと思います。でも、基本的にはシンプルなデザインが好きなんですよね。だから、本当にいい紙で、シンプルな見た目がいいかなぁとも思っています。辞書らしい辞書というか。

鈴木　辞書らしい辞書ですか。

佐野　はい。やっぱり『大辞林』とか『三省堂国語辞典』とか、『新明解国語辞典』みたい

鈴木　な、なんの辞書かわかるような感じで。伝えるのが難しいんですけど。

佐野　いえ、わかります。

鈴木　逆に鈴木さんがもしデザイナーだったら、どんな辞書にしますか？

え！　私も歴史を受け継いできたんだろうなという辞書が好きなんですよね……。うーん、もし私がデザイナーさんだったら、そうですね……、全面金色にしたいです。それで、文字は白とか。トップオブトップというか、〝辞書の王者〟っていう貫禄のあるものを作りたいです。

佐野　素敵ですね。

木村　でも、意外に金は色が出にくいんですよ。

佐野　ほらまたそうやって。こんな風にいつも、その色だとあーだこーだと言ってくるんですよ（笑）。

木村　その銀の使い方だとグレーに見えるよ、とかね。

佐野　二度刷りしないと無理だ、とか。

鈴木　やっぱり、辞書を作るというのはとても大変な作業なんですね（笑）。今回、印刷工場を見学させていただいて、木村さんや佐野さんにもお話を色々伺って、辞書はすごく繊細なものだなぁと感じました。多くの方の小さな気付きとか、たくさんの積み重ねでこの1冊があるんだなと思ったら、より大切に読んで、また私も誰かに引き継いでいきたいなって思いました。今日は本当にありがとうございました。

辞書を売る人

お話を聞いた人
三省堂　販売企画部

はやし・はるのぶ【林治信】さん

1991年入社。辞書や教科書の学校営業を約15年経験した後、書店、販売会社などへの営業担当に。現在は辞書をはじめとする出版物全般のプロモーション活動にも携わっている。

Z世代にアプローチ！　ラジオで辞書を「聴く」

林　はじめまして。販売企画部の林と申します。今日は辞書の売り方についてということですが、どうしたら辞書が売れるのかわかっているんだったら、私が一番知りたいというのが正直なところではあります。

鈴木　そうなんですか？　それだけ、売るのが難しいということでしょうか。

林　言い訳から入ってしまってすみません。でも、本当に辞書の売り方がわかるんだったら、知りたい。そういう気持ちでいるということだけはご理解いただきたいです。ですから本日は、正解かどうかはわかりませんが、どんなことをやっているかという話をお伝えできればと思います。

鈴木　ありがとうございます。今は、電子書籍を手に取る人も少しずつ増えてきている気がするんですけれども、私はやっぱり紙の辞書を書店で買いたいという気持ちが強いです。ですから、これからも私みたいに紙の辞書を好きで買う方がいてくれるためにはどうしたらいいんだろうって私も考えながら、今日はお話を伺いたいと思っています。

林　全国民が鈴木さんのようであってほしいです（笑）。

鈴木　ありがとうございます（笑）。ではまず、林さんが所属されている販売企画部というのはどういうことをされているのか教えていただけますか？

林　販売促進と広告宣伝。ざっくり言うとこの二つですね。広告といっても限られていて、なかなかテレビとかに出稿するというわけにはいかないんですが。最近はラジオでCMを流しました。

鈴木　ラジオですか。

林　はい。２０２１年12月、『三省堂国語辞典』が改訂になった時に、時報広告って言うんですかね。語釈とか、どんな新語が入っているかというのを文章にして声優さんに読んでいただいたんです。例えば、ある声優さんには羽根付き餃子の語釈を読んでいただきました。ジューッという、焼く時の効果音を入れながら、「辞書は時代《いま》を写すかがみ。新しく載った言葉。ギョーザを焼くときに、そのまわりに羽根のようにうすくぱりぱりした部分ができるように仕上げたもの。羽根付き餃子。この8年で、素敵なメニューが広まりました。8年ぶりの全面改訂『三省堂国語辞典　第八版』。ことばを見つめて１４１年。三省堂が0時をお知らせします」という感じです。

鈴木　面白いですね！　辞書は読むのが当たり前だと思っていたので、聴くというのは新鮮です。

林　辞書はどうしても目で見るものになっちゃっているんだけれども、個人的には聴くというのも面白いんじゃないかと思っていたので、ちょっと取り組んでみました。あと、ラジオって、昔は1回流れたらおしまいだったけれど、今はradikoとかでわりと繰り返しの聴取があるので、聴かれる機会が増えている。若者でもけっこうラジオを聴いている人が多いようなので、Z世代向けの番組で流しました。

鈴木　若者に訴求したということですか？

林　はい。先ほど鈴木さんがおっしゃっていたように、今はデジタル媒体を使う方も増えていて、それを主に使っているのは、やっぱり若い方々。そういう世代にどうアプローチをしていくか。紙の辞書というだけではなくて、広く辞書を知ってもらうためにはどうすればいいのかなというところでプロモーションを行いました。

辞書の発売1年前からプロジェクトが動き出す

鈴木　広告活動を行う場合は、どれくらい前から準備されるんですか？

林　そうですね、辞書の場合はかなり前から始動します。『新明解国語辞典　第八版』ですと、発売の1年前から動いていました。最初に、その辞書の特長を編集部から聞き取って、どのようなプロモーションを行うか決めます。それから、半年くらい前には販促物を作り始めたり、プレスリリースをメディアに送ったりします。

鈴木　販促物も販売企画部が作るんですか？

林　いえ、プロジェクトチームを組んで製作します。例えばポスターを作る場合は、こういうものを作りたいというアイディアはこちらが出して、文言は編集部に考えてもらったり、デザイン室にデザインしてもらったりという形ですね。

鈴木　なるほど。チームで取り組んでいく時に、思いがぶつかりあって、意見がなかなか合わないということはないんですか？

林　例えば、『新明解国語辞典』は語釈がとてもユニークだと言っていただくのですが、そこだけにフォーカスしていくっていうのは、編集部からすると、そこだけじゃないよっていう気持ちがどうしてもあるわけですよね。編集部的には、違う側面にもアプローチしていきたいと考えるわけですが、そうは言っても、一般の読者の方は、やっぱりユニークな語釈を知りたいっていうのがあります。だから、編集部と読者の方の思いのバランスをとりながらプロモーションをしていく感じですかね。

書店の棚は熾烈な場所取り合戦

鈴木　販売企画部のお仕事は、販売促進と広告宣伝がメインということですが、販売促進というのはどういうことをされるんですか？

林　辞書を販売してくださる書店さんや、辞書・教科書を使ってくださる学校さんなどに案内をして、たくさん取り扱っていただけるように営業活動をしています。

鈴木　書店にも行かれるんですか？

林　今はコロナ禍なので実際に足を運ぶ機会は減っていますけれども、従来ですと、新学期が販売のピークになるので、その頃に伺って、ポスターを貼ったり、POPを飾ったりして棚を一緒に作らせていただくこともありました。ただ、こちらがPOPやポスターなどをいくら用意したって使っていただけるとは限りません。

鈴木　たしかに、ポスターやPOPもそうですが、辞書そのものを置くためにも面積が必要になりますよね。書店さんにどれくらい辞書を置いてもらえるかというのは、どういうところで決まるんですか？

林　ある程度売れる見込みがないと書店さんとしても置けないですよね。だから、辞書の改訂版の場合は実績がすでにあるので、前の版がどれくらい売れたかというのは指標になってくると思います。一般の書籍もそうですよね。ベストセラー作家さんの本だったら、ファンの購買が見込めるわけだからたくさん置いてもらえます。店頭の面積は限られていますから、場所取りという面もあるわけですよね。

鈴木　『新明解国語辞典』の第八版は、赤・青・白の3色がありますよね。

林　はい。3色同時刊行した初版に立ち返るということで、3色用意しました。目立つし、置いていただけるスペースも増えることになります。ただ、もちろんリスクもあります。これをできるのは、過去の販売実績があって、今回も売れるだろうという見込みがあるから。なんでもかんでもバリエーションを増やせばいいというものではありません。

鈴木　でも、自分の好みで辞書の色を選べるようになったらいいですよね。

林　はい。いつかオンデマンドで作れたりするようになるかもしれませんね。

学校を一校一校まわって辞書の魅力を先生に伝える

鈴木　学校とはどのように関わっていらっしゃるんですか？

林　学校の先生方に、弊社の辞書をご検討いただくためにアプローチをします。学校営業専門の部署があって、私も以前はそこにいました。

鈴木　たしかに学生時代、学校から「国語辞書は△△を買いましょう」というような案内があった気がします。あれですか？

林　そうです。あの推薦辞書の中に弊社のものが入ってほしい。そのために、新しい版が出たらお知らせに伺ったりします。

鈴木　一校一校まわるんですか？

林　一校一校まわります。「こういう辞書が出ました」と言ってパンフレットや実物を持って行ったりして、改訂内容の説明をします。

鈴木　なるほど。具体的にどのように営業されるんですか？　編集部の方も一緒に営業に行かれたりするんでしょうか？

林　例えば『新明解国語辞典』だと、「作文をする時にこういうところが役立ちますよ」とか、踏み込んだ内容の説明を編集者はできるんですよね。先生とお話をして、「あっ、そういう風に使っているんですね、じゃあこういう使い方ができるのでこの辞書がいいかもしれないですね」という感じで提案をすると採用していただけることがあります。

鈴木　なるほど。より具体的なアピールができるんですね。辞書が私たち読者の手元に届くまでには、色々なルートや形がありますね。

出版社に電話をかけて就職活動

鈴木　ところで林さんは、元々販売企画部のお仕事を志望されていたんですか？
林　いえ。出版社なので、当然編集部希望でした。
鈴木　そうなんですね！
林　ところがですね、たまたま私、声が大きいので、それとなく面接で聞かれるんですよね。「君は編集部希望とは言うけれど、どの部署でも行くのかね？」みたいなことを遠回しに。当然、行きますって言うわけですよね。
鈴木　それでどうなったんですか？
林　最初の15年ほどは学校営業に配属されました。その後で、書店さんとか販売会社（出版社と書店をつなぐ流通業者）さんへの営業というのを中心にやって。最近はプロモーションにも携わっている感じです。

鈴木　元々本がお好きだったんですか？

林　はい。本が好きだし、メディアというものにも憧れていたので、出版社とかに行けたらいいなと思っていました。私は1991年にこの会社に入ったんですが、その頃はインターネットとかも本当にまだまだない時代でしたから、この会社にも電話をかけて応募しました。本の奥付の電話番号を見て電話をして、「採用って、やっていますか？」みたいな。

鈴木　えー！　それで入社されたって、すごいですね。

林　とはいえ、今となっては本は仕事で扱うものではない、と思ってしまいますね（笑）。

鈴木　そうなんですか？（笑）　でも、楽しいから続けていらっしゃるんですよね。辞書を売る喜びや楽しさというのは？

林　うーん……、本当に、本当に、具体的には難しいんですが、『三省堂国語辞典』が改訂になる時、プレスリリースをメディアに流したら、テレビ局さんが非常に反応してくれたんです。こんな新語が入りますとか、逆に削除語とかですね、消えた言葉。

鈴木　以前編集者の奥川さんとの対談でも、消えた言葉の話題が出ました。たしか、「MD」とかが消えたんですよね？

林　そうです。それをけっこういろんなメディアで取り上げてもらったというのがあって。

で、ある時車を運転しながらラジオ番組を聴いていた時に、リスナーからの投稿で、三省堂の国語辞典が改訂されるっていうのがあったんです。

鈴木　へー！　ラジオでお仕事のことが流れてきたんですね。

林　運転しながら、うわあって思って。で、音楽の番組だったので「着メロ」「ＭＤ」、あと、おわかりになるかな、「メタルテープ」っていう、カセットテープの性能のいいものがあったんですけど、そのへんの言葉が削除されたと。どうやらその投稿者のリスナーさんにはメタルテープに思い出があったらしくて、高校時代に付き合っていた彼がバンドのボーカルをやっていて、自作の曲を吹き込んでくれたと。

鈴木　素敵な思い出ですね。

林　で、その時にくれたのがメタルテープだったって。いい音で聴いてほしかったんでしょうね。という感じで、当時はそれをもらってうれしかったという思い出を投稿されていたんです。それでね、『三省堂国語辞典』の話題がここまで定着しているのかと。それはちょっとびっくりしました。テレビとかメディアの影響力の問題なんだけど、ここまで知ってくださっているというのはすごくうれしかった。そういうところに、意外な面白さっていうのはあるのかなと思いますね。どういう形であっても弊社の辞書が伝わっているということではあるので。

鈴木　お仕事での頑張りが波及しているのを感じられますよね。では、最初は編集者を希望されていましたけど、今は販売企画部のお仕事にやりがいを感じていらっしゃるんですね？

林　いや、編集希望だったというのは、もう強調していただかなくてけっこうです（笑）。もはや自分でも言ってびっくりみたいな感じなんで。

鈴木　あははは。

林　やりがいに関しては、これもなんとも答えにくいですね。立場上、やりがいがないとは言えません。ないとは言えないんだけど、今、全般的に書籍の売り上げとか、結果を預かる立場ではあるので、もちろん好きではありますが、すごく純粋に楽しいとはね……。お仕事って、すべてそうだと思うけど、本当に「はい、そうです」とはなかなか……。ただ、辞書を取り巻く環境の厳しさというものを感じているからこそ、逆に、どうやって魅力を伝えていくかというのは、やりがいにつながる部分かもしれないですね。

辞書の販売は三重苦！「高い」「少子化」「買い替えサイクルがない」

鈴木　今は本が売れない時代だと言われていますけど、林さんは、辞書を取り巻く環境をどのように見ていらっしゃいますか？

林　辞書の現状で言いますと、紙の場合は、１９９０年頃と比べると売り上げは半減しています。紙の需要が減った分、デジタルに流れているかというとそうではないと思うんですね。

鈴木　そっか。少子化の影響で辞書を使う学生さん自体が減っていますしね。

林　はい。そんな中で我々が一番心配しているのは、辞書というコンテンツそのものが使われなくなることです。電子辞書とかアプリとか、出版社が提供したコンテンツを使ってくださっているのであればまだいいんですが、今はネットで調べることができちゃうので、それで事足りる。事足りると思ってしまっている方が増えていることが心配ですね。

鈴木　たしかに、私も辞書ではなくてネットで言葉を調べることがあります。

林　どういう言葉をネットで調べるんですか？

鈴木　最近調べたものだと、「ポリアーキー」。多数支配を表す政治の概念のことらしいんですけど。

林　おぉ。

鈴木　そういう新しい言葉を調べるとしたら、辞書よりはネットかなと思ってしまいます。辞書とネットで使い分けている感じです。

林　昔ながらの言葉は辞書でお調べになるということですね。そういえば、以前「プレバト!!」（TBSテレビ系列）の俳句のコーナーに出演されていましたよね。俳句を作るにあたって辞書はお使いになったんですか？

鈴木　辞書、使いました……。もう、ちょっと思い出したくないかも（笑）。恥ずかしいです、あんな結果で。そうですね、「琉金《りゅうきん》の絵はがき二枚かき氷」という俳句を作ったのですが、「金魚」などの知っている言葉でも、辞書を引いて調べました。

林　改めて確認していただいたということですね。辞書には季語も載っていたりしますしね。

鈴木　はい。もう恥ずかしいから俳句の話はやめますね（笑）。では、やっぱり辞書はなかなか売れにくいということでしょうか。

林　そうですね。値段もそこそこしますし、一度買ったらそれっきりという方も多いですよね。使う人の絶対数が減っているのに加えて、買い替えサイクルも存在しない、しかも値段が張るという。売る側からするとなかなか厳しい商品ではあります。

辞書は買い替えるもの？

鈴木　私は、辞書を好きになってから買い替えるようになったんですけど、一般的には、あまり買い替えないイメージがあります。

林　今、辞書は何冊ほどお持ちなんですか？

鈴木　6冊ぐらいだと思います。それこそ最初の頃は兄から譲り受けた父のお古の辞書を使っていたので、本当に言葉が悪いですけど、時代に合わないものを使っていたんだなって、好きになってからわかりました。

林　そうなんですよね。辞書って、改訂すると中身はもちろん変わるけれども、言葉ってそこまで変わらないから、古い辞書でも使えるといえば使える。けれども、『三省堂国語辞典』のキャッチコピーが「時代を写すかがみ」であるように、新しい言葉が生まれたり、古い言葉が消えていったりしているから、新しい辞書のほうが今の時代に合うというのはあるかもしれません。

鈴木　読者の方が辞書を買い替えるとしたら、どれくらいのサイクルがいいんでしょうか？

林　一概には言えないんですけど、例えば公共図書館。公共図書館は税金で本を買うので、すぐには買い替えられないっていう話を聞きます。

鈴木　税金を使って買ったものだからですね。

林　では、辞書には改訂があるけれど、どのくらい経てば買い直してもらえるのかというと、噂だと10年くらいとか。すべての図書館さんがそうというわけではないでしょうけどね。

鈴木　たしかに、辞書は7～8年で改訂されるからそれぐらいなのかも。

林　買い替え需要というのが、どのくらいあるのか一度調べてみたいんですけど、なかなか難しくて。洋服の下取りみたいに古い辞書を持ってきてくれたら割安で新しいのを、とかそういうシステムができたらいいんですけど、実現しがたいんですよね。鈴木さんは、どういう時に辞書を買おうと思うんですか？

鈴木　うーん、なんだろうな。本棚に空きが出た時。

林　あははは。

鈴木　そのために小説を読むというところはありますね。読み終わったら実家に送って、新しい辞書を買ってみようかなみたいな。

林　そうかそうか。新しいのが出たタイミングではないんですね。

鈴木　出たタイミングでも買うんですけれど、それ以外で買うとしたらそうです。

林　たしかに置き場所がね。それはありますよね。うちも妻に一番言われるのはそこだもんね。これ以上本を買わないでねって。本当に怒られます（笑）。

辞書ならではのポスターを作る

鈴木　辞書を取り巻く環境が厳しいことはわかったんですけれど、そんな中でどうやって広告の企画を立てていっていらっしゃるんですか？

林　辞書のイメージをどう認識してもらうかとか、どう見せると伝わるかということは意識してやっています。辞書じゃないと表現できない在り方とかですね。例えば以前、こんなポスターを作りました（と言いながら、あるポスターを差し出す）。

鈴木　これ見たことあります！「としまえん」のポスターですよね。ツイッターとかでも話題になっていましたよね。

林　はい。ちょうど『新明解国語辞典』の第八版のプロモーションが始まる時にですね、としまえんさんが閉まるということで、それに合わせて作りました。「楽しい」「思い出」「ありがとう」の文字と、それぞれの語釈が載っています。「としまえん」が閉園する際に、最寄り駅に掲示しました。

鈴木　たしかに実際の語釈を載せるというのは、辞書じゃないと作れないポスターですね。

林　このポスターが好評だったことをきっかけに、紀伊國屋書店さんの店舗でも同様のポスターを作って掲示してもらいました。

鈴木　へー、紀伊國屋書店さんでも。同じように3語載せているんですか？

林　はい。例えば熊本はません店さんでは「黒い」「熊」「キャラクター」、グランフロント大阪店さんでは「まいど」「おおきに」「なんぼ」、ゆめタウン廿日市店さんでは「牡蠣」「生」「注意」など、ご当地色豊かなポスターになっています。

鈴木　どれも見ていて楽しいですね！　私は本屋さんへ行った時に、本を見るだけではなくて、こういうポスターとかも見てどの本を買おうか決めるんですけど、本だと内容がまるまる書いてあることはないじゃないですか。ネタバレになるというか。でも辞書だったらそれができるから、辞書ならではのポスターだなって思います。

林　ありがとうございます。こういう企画を書店さんに話したら、書店さんのほうがすごく乗り気になってくださって、紀伊國屋書店さんのほぼ全店舗が協力してくださいました。

鈴木　ほぼ全店舗が！　すごいですね。

林　ただ、ちょっと大変だった部分もありまして。こういうのって、刊行前に準備をするじゃないですか。そうするとまだ辞書が店頭に並んでいないので、各店舗さんが出してくれた言葉が掲載されていないかもしれないという問題があったんですね。

鈴木　そっか。書店員さんは、自分が選んだ3語が『新明解国語辞典』の第八版に載っているかどうかわからないから。

林　だから、それは私のほうで刷り見本と照合しながら全部チェックしました。

鈴木　たいへーん！　でも、すごく楽しい企画ですよね。この企画はどうやって生まれたんですか？

林　としまえんの「楽しい」「思い出」「ありがとう」。あのパターンって、辞書じゃなきゃできないやり方ですよね。『新明解国語辞典』は語釈が特長なので、語釈から何かできないかなぁっていうのが起点です。見出し語があって語釈があるという構成自体は、やっぱり辞書そのものなので、それを意識させるっていうのかなぁ。で、これをどんどん、お店バージョンで使えないかという発想でやったという形ですね。だから、プロモーションの在り方としては、書店さんが反応してくれるような在り方を模索するのが理想的だと思います。

鈴木　なるほど、相手が反応するようにですか。

林　おかげさまで、『新明解国語辞典』や『三省堂国語辞典』などは、すごくメディアで扱っていただいたので、かなり売れました。だから、買い替え需要を喚起するのが難しいとか、課題は色々ありますけれども、結局はこちらの働きかけ方次第。どうプロモーションをしていくかにかかっていると思うので、今後もアイディアをひねり出していきたいですね。

POPはパッと目を引く作りで特色を記す！

鈴木　書店さんと一緒に盛り上げていくプロジェクトというのは、他にもあるんですか？

林　POPもそうですね。書店員さんが書いてくださることもあるし、こちらが用意したものを飾っていただくこともあります。例えば、このあたりは弊社が作ったPOPですけど、辞書の名前や写真の他に、担当編集者が手書きでコメントを書いたりもしています。

鈴木　拝見すると、書く人によって全然違いますね。ペンが使われたカラフルなものもあるし、文字の大きさも違うし。個性が出ますね。

林　そうですね。ただ、これは書店のＰＯＰ作成のプロの方に聞いた話なんだけれども、例えば今、小説を読む方で、「絶対感動する本を教えてくれ」って聞いてくる人がいるっていうんですよね。

鈴木　たしかに、泣くために小説を読む方もいますよね。

林　そうすると、ＰＯＰが全部「涙腺崩壊」とか、感動を誇張するようなものになりがちっていう。インパクトは大事なんだけど全部似てきてしまう。

鈴木　うーん、それはありますよね。辞書のＰＯＰの場合は、どういう内容が書いてあるのが理想的なんですか？

林　やっぱり、他社さんとの違い。その辞書の特色だと思います。

鈴木　たしかに買う側からすると、その辞書の特色は一番知りたいところですよね。書き方のフォーマットというのは決まっているんですか？

林　いいえ、自由です。文章が長い人もいるし、短い人もいるし。ただ、文章が長くなるとその分、文字が小さくなるので、パッと見た時にわかりにくくなるというのはありますね。

鈴木　そうですね、ＰＯＰは通りすがりに見るものだから。

林　通りすがりでも目が行くように、色を使ったり、文字にメリハリをつけたりすることも多いです。ちなみに鈴木さんは、このＰＯＰの中でどれが気になりますか？

鈴木　そうですね……、これ好きです。「ダイエットに成功」って書いてあります。

林　『三省堂　例解小学国語辞典　第五版』のＰＯＰですね。「ダイエットに成功。20％以上も軽くなりました」。一時ね、その競争もあったんですよ、本当に。

鈴木　ダイエット競争ですか？　あははは。

林　そう、ダイエット競争。紙を軽くして。小学生の持ち物はたくさんあるので、辞書が少しでも軽くなるようにって、弊社が先駆けて取り組んでいたんです。

鈴木　なるほど、そうなんですね。

林　けっこう売れたので、各社が続いたんですよね、軽いのがいいって。ただ、薄くしすぎるとめくりにくくもなるからバランスが難しいんですけどね。

辞書が縦書きの理由

鈴木　ちなみに、ＰＯＰはやっぱり横書きがいいんですか？

林　横書きのほうが認識は速いですね。人間の目が横についているから、横のほうが速く読めるというデータが昔から出ています。縦で速く読めるとしたら、それは慣れらしいです。

鈴木　そうなんですね。ちょっと話がずれるんですけど、横書きのほうが速く読めるのに、どうして辞書は縦書きなんですか？

林　実は、『三省堂国語辞典』だと第四版で横組みのバージョンを出していたこともあるんですよ。

鈴木　辞書に横書きの時代があったんですか！

林　あの頃はたしか、正式文書がわりとA４の横書きになったりした時代だったと思うんですよね。だからそれに合わせて辞書も横書きになりました。だけど、やっぱり慣れないみたいですね。もしかすると、何か横書きで文書を作る時だったら、辞書も横書きのほうがいいかもしれないけど、小説などを読む時は縦なので、縦から縦で引けたほうが、目が疲れないというのはあるかもしれないです。

鈴木　なるほど。辞書を使うシーンも関係してくるんですね。

鈴木絢音が辞書のPOP作りに挑戦！

編集部　実は鈴木さんに、今日のお話をもとにPOPを作っていただきたいんです。

鈴木　え！　そんな、できるかな……。うーん、どうしよう。先ほど林さんに教えていただいた書き方に倣うと、フォーマットは自由だけど、長くなりすぎないように注意して、その辞書ならではの特長を書いて、大事な部分は強調する……という感じですよね。

林　でも本当に、鈴木さんの好きなように書いていただけたらいいと思いますよ。

鈴木　わかりました。では、『三省堂国語辞典』の第八版のPOPを書いてみます。以前、編集の奥川さんにお伺いした特長を入れて、チャレンジしてみますね。

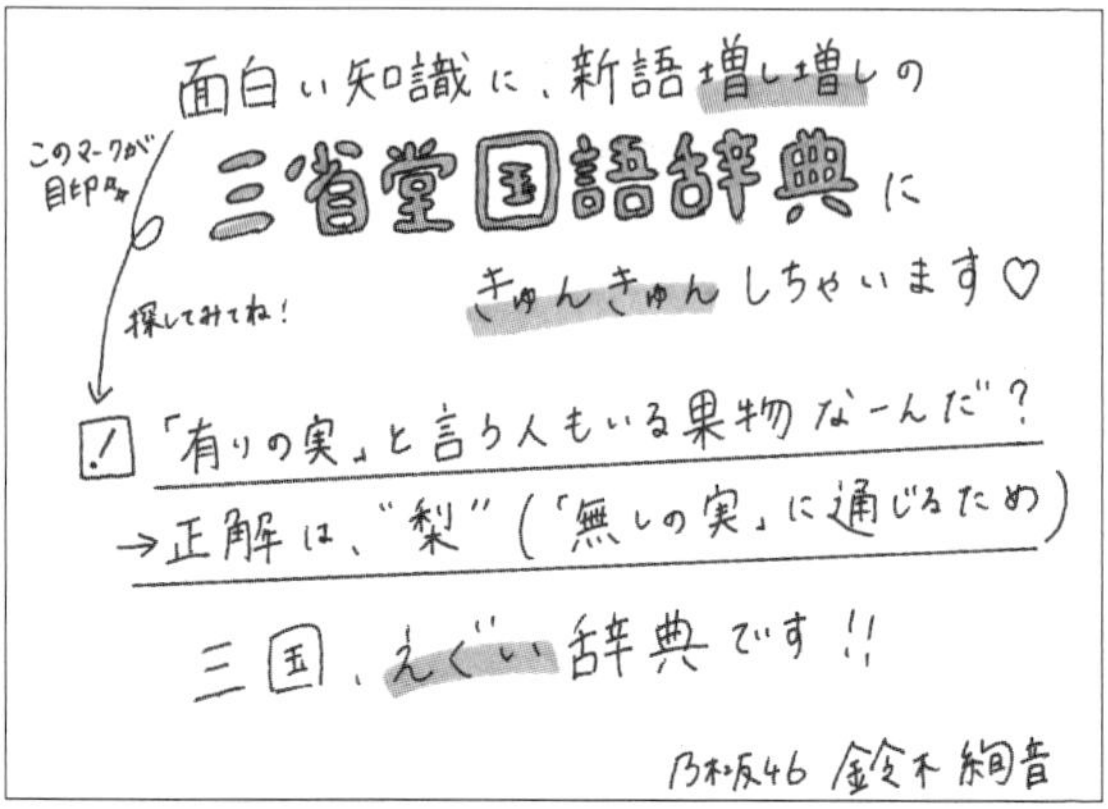

面白い知識に、新語増し増しの
三省堂国語辞典に
きゅんきゅんしちゃいます♡
このマークが目印☆
探してみてね！
「有りの実」と言う人もいる果物な～んだ？
→正解は、"梨"（「無しの実」に通じるため）
三国、えぐい辞典です!!
乃木坂46 鈴木絢音

鈴木さんが作ったPOPがこちら。辞書愛あふれる鈴木さんならではの工夫が盛り込まれています。

この連載を通して、辞書を好きな理由がわかった

鈴木　今日はありがとうございました。私、個人的には今、世の中で辞書が少しずつ上り調子になっているんじゃないかなと感じていて。それこそ、テレビだったりラジオだったり、本屋さん以外のいろんなところで、触れる機会が増えてきたように思うんですね。だからこれがどんどん続いていったらいいなと今日は思いました。

林　なるほど。私も辞書の魅力がもっと伝わるように頑張りたいと思います。ところで、今回で最終回なんですよね？　これまでで特に印象に残っている回はありますか？

鈴木　転職するならこの職業がいいとか。

林　転職ですか⁉　どのお仕事も私にはとてもできないです。みなさん本当にプロフェッショナルな方ばかりだから……。でも、そうですね、一つ挙げるとしたら、やっぱり編集？　ちょっと憧れちゃいます（笑）。でも、できないと思います、私には。

鈴木　それにしても、最終回というのは本当に残念だなあ。

林　私もこの連載が大好きだったので残念です。でも、たくさんのことを学ばせていただいて感謝しています。辞書に関わっていらっしゃる方のお仕事って、それぞれがそれぞれのお仕事をしているのかと思いきや、お仕事の範囲がグラデーションになってい

るというか、そういう印象を受けました。重なり合う部分で手と手を取り合ってやっていらっしゃるからこそ、素敵なものが生まれるんだなって。神は細部に宿るというか。本当に、私がなんで辞書を好きなのかが、これまでの対談でわかった気がします。

林　……ちょっと、うん、感激しました。今日はありがとうございました。

鈴木　こちらこそありがとうございました。

あとがきにかえて

辞書とはじめて出会ったのは、小学3年生の時のことです。担任の先生に、国語の授業で使うから持ってきてくださいと言われ、近所の本屋さんに小学生向けの国語辞典を買いに行きました。並べられた中から手に取ったのは、表紙にキャラクターのイラストがあしらわれた可愛らしい国語辞典。一目惚れでした。ランドセルに入れ、はじめて通学路を歩いた時、両肩に掛かるずっしりとした重みに、心が浮き立ちました。授業で国語辞典の引き方を習うと、はじめて出会う言葉はもちろん、知っている言葉の意味や使い方を調べるようになりました。気がついた時には授業中も休み時間も、いつも一緒。表情や言動から感情を読み取ることが苦手で、人付き合いが上手にできなかった私に、はじめて友達と呼べる存在ができたのです。辞書を人のように捉え始めたのは、この時からかもしれません。

そんなある日、父の国語辞典と出会います。実家のリビングの大きな本棚、そこにポツンと置かれていました。いかにも使い込まれた辞書という感じで、白い表紙の四隅はめくれ上がり、小口は手垢で茶色くなっていました。恐る恐る開いてみると、知らない言葉、読めない漢字。何もわからないのに、夢中で読み続けました。物知りなおじいちゃんとの会話が弾む、そんな感覚でした。

中学生になった私は、教科書と一緒に購入した学校指定の中高生向け国語辞典を使い始めました。授業の内容も難しくなってきて、調べることが増えてきた中学1年生の12月、クリスマスプレゼントとして電子辞書をもらったことをきっかけに、紙の辞書は学校のロッカーに置きっぱなしで、ほとんど使わなくなってしまいました。電子辞書は授業中の使用も認められていたので、気がつくと学校でも家でもずっと一緒でした。そして、中学生活に慣れてきた頃、乃木坂46のオーディションに合格し、秋田と東京を行き来する日々が始まります。ますます紙の辞書を引く余裕がなくなる一方で、ありがたいことにブログや雑誌のインタビュー、ライブでのMCなど、たくさんの人に向けて自分の言葉を発信する機会をたくさんいただき、言葉と向き合わなければならない時間は日に日に増えていきました。私はいつも、限りある時間の中で正確かつ簡潔に発言することを心がけていました。そして、多くの人に自分の言葉を正しく解釈してもらうには、自分の感情は言葉に乗せてはいけない、そう思っていました。それは、小学生の時に友達だった国語辞典のことも、おじいちゃんみたいな父の国語辞典のこともすっかり忘れて、国語辞典を言葉の意味や使い方を示してくれる機械として扱っていた当時の私が、国語辞典に抱いていた印象に似ていました。国語辞典という殻を借りて、そのなかで自分を守り続けることで、自分の感情を言葉にすることから逃げていたのです。

高校2年生になり、東京の高校へ転校することになりました。上京の荷造りをしながら教科書の整理をしていると、ほとんど使うことのなかった中高生向けの国語辞典が出てきました。使わなかったことへの申し訳なさが込み上げてきて、電子辞書を兄にあげて、そのかわりに、見つけた辞書と父の辞書の2冊を東京へ持って行くことにしました。上京後、お仕事と学業の両立をしながらも、自由な時間ができた私は、ひたすら本を読み続けました。実家から送ってもらった本を読み終えると、持っていたお金のほとんどで本を買い込み、それも読み終えると図書館へ行き、開館から閉館まで本を読み続けました。そしてついに読む本がなくなった時、目に入ったのが、本棚に仲良く並べられた2冊の国語辞典でした。2冊もあるのだからきっと読み終わることはないだろうと、ページをめくり始めたのが、辞書を読むきっかけです。家にいる間は時間の許す限り2冊の辞書を読み続けました。そして2冊ではもの足りなくなった私は、新たな辞書を迎え入れる決心をします。『新明解国語辞典』でした。はじめて語釈を読んだ時の感動は、今でも覚えています。圧倒的な個性。でも、国語辞典という枠組みから逸脱していない。もし、この辞書が人だったらどんな人かなと、シニカルな青年を思い浮かべた時、昔は国語辞典を人のように捉えていたことを思い出しました。限りあるページの中で、いかに簡潔に、そしていかに正確に言葉を明らかにするか、それは決して感情を排除することではなかったのです。

辞書についての本を読み、辞書について調べ、辞書を読み比べました。新たに生まれる言葉もあれば、使われなくなる言葉もある。意味も変わるし、人それぞれ解釈も、抱く印象も異なる。そしてなにより、今を生きる人が国語辞典を作っているということ。辞書のひとつひとつの言葉には、たくさんの人の思いや経験が詰まっていることを知りました。国語辞典を通じて、言葉の未熟さと不完全さに気づいた時、ほんの少しだけ生きやすくなったように思いました。

連載そして書籍化という機会をいただき、自分の言葉をたくさんの方に届けられることをとても嬉しく思います。手に取ってくださった皆様の、言葉と歩む人生がより一層幸せなものになりますように。

本書は、「小説幻冬」（二〇二二年二月号、三月号、五月号、六月号、八月号、九月号、十一月号、十二月号）に連載された「言葉の海をさまよう」と、「小説幻冬」二〇二一年五月号に掲載された対談「辞書から学ぶ『伝わる伝え方』」をもとに、加筆修正したものです。

企画協力　三省堂

Artist	鈴木絢音
Total Producer	秋元 康
Producer	秋元伸介／磯野久美子（Y&N Brothers Inc.）
Assistant Producer	中根美里（Y&N Brothers Inc.）
Artist Producer	今野義雄（乃木坂46合同会社）
Artist Manager in Chief	菊地 友（乃木坂46合同会社）
Artist Manager	河野史果（乃木坂46合同会社）
Photographer	新津保建秀
Stylist	牧野香子
Hair & Make-up	宇藤梨沙
Digital Operator	羽立 孝（uto）
Assistant Photographer	岡田暁来
Art Director	田中良治（Semitransparent Design）
Writer	森本裕美
Editor	黒川美聡（幻冬舎）
Assistant Editor	茂木 梓（幻冬舎）
Filming Cooperation	実践女子大学
Special Thanks	秋元康事務所／Y&N Brothers Inc.

言葉の海をさまよう

2023年3月5日　第1刷発行

著　者　　鈴木絢音
発行人　　見城 徹
編集人　　菊地朱雅子
編集者　　黒川美聡　茂木 梓
発行所　　株式会社 幻冬舎
〒151-0051
東京都渋谷区千駄ヶ谷4-9-7
電　話　　03(5411)6211(編集)
03(5411)6222(営業)
公式HP　　https://www.gentosha.co.jp/

印刷・製本所　　中央精版印刷株式会社

検印廃止

ISBN978-4-344-04084-7　C0095

この本に関するご意見・ご感想は、下記アンケートフォームからお寄せください。
https://www.gentosha.co.jp/e/